LECTURAS PARA PENSAR IV

La Biblia, su origen, sus versiones.

(libro documental)

NORMA ESTELA FERREYRA

ISBN 978-1-326-01078-2

NOTA DE LA AUTORA

Este es un libro documental, donde he realizado un trabajo intelectual, seleccionando y recopilando material literario de autores varios, a los fines de que el lector, pueda sacar sus conclusiones usando su libre albedrío. Se trata de que el lector pueda pensar y discernir, sin pretender discriminarlo ni ofenderlo.

Tampoco pretendo influir en las creencias de nadie, ni criticarlas, como tampoco sembrar dudas respecto de ellas.

El libro está dirigido a mayores de edad, quienes sabrán diferenciar lo verdadero de lo falso, según sus propios análisis sobre cada uno de los temas que se presentan en forma textual, según sus propios autores.

En el final, se proponen lecturas o videos para complementar lo expuesto.

LA BIBLIA

¿Quién y cómo se escribió la Biblia?

Carlos Salas
viernes, 15/04/11 - 20:00

En el siglo III antes de Cristo el rey Ptolomeo II reunió a 70 sabios judíos para transcribirla.
El primer manuscrito se destinó a la biblioteca de Alejandría y desde entonces ha habido miles.
El descubrimiento de los rollos del Mar Muerto en 1947 apenas modificó el Antiguo Testamento.
Cada año aparecen textos manuscritos que desatan debates encendidos sobre la Biblia.
El rey Ptolomeo II y los 70 judíos que escribieron la Biblia.

La **Biblia**, tal y como la conocemos, fue recopilada por primera vez en la historia en el siglo III antes de Cristo, cuando **setenta sabios judíos** fueron invitados por el rey Ptolomeo II a acudir a Alejandría para aportar a la famosa biblioteca la historia del pueblo de Israel (lo que hoy llamamos el Antiguo Testamento). Durante meses, pusieron por escrito la memoria de miles de años del pueblo de Israel, desde Adán, hasta Moisés, incluyendo los libros históricos, sapienciales y proféticos.

Su trabajo se tradujo del arameo y hebreo antiguos al griego. Así nació la llamada **Biblia de los Setenta** o Alejandrina (también Septuaginta), en la que se basa el texto **cristiano** actual.

Una recopilación hebrea de la historia de pueblo de Israel, llamado texto masorético ('tradición', en hebreo), se hizo en el siglo IX DC. Es la versión **hebraica** que no incluye el Nuevo Testamento.

El Nuevo Testamento y la recopilación de los Evangelios que retrataron la vida de Jesús, tuvo numerosas fuentes y autores. El papiro más antiguo del Nuevo Testamento es un fragmento de Juan que data de los años 125-130 d.C.

Sin rastro físico

De aquellos originales de la Biblia alejandrina, al igual que los textos de los filósofos griegos **presocráticos**, no hay ningún rastro físico. Todo aquello se esfumó debido a los saqueos e incendios de la legendaria biblioteca, pero también debido a su débil **soporte** de transmisión: el papiro, la vitela y el cuero, no resisten el paso del **tiempo**. Lo mismo sucedió a los escritos evangélicos

¿Cómo sobrevivió ese conocimiento?

Durante años, se han hecho miles y miles de copias de copias. Sin embargo, eso produjo una duda hermenéutica: "Los textos antiguos fueron copiados por batallones de **escribas**, frecuentemente en los monasterios, y sufrieron numerosas afrentas que van desde la simple falta de ortografía o de atención del copista, hasta la correccción doctrinal y voluntaria", afirman Roselyne Dupont-Roc y Philippe Mercier en *Los manuscritos de la Biblia* (Ed. Verbo Divino). Como cada copia siempre tenía algún **error** de interpretación o de transcripción, la **paleografía** cristiana se ha esmerado en comparar copias con otras copias para recomponer un texto lo más parecido al original.

¿Se había hecho un buen trabajo o había pasajes falsos o equívocos? ¿Estaban los cristianos de todo el mundo confiando en unos textos erróneos?

Los manuscritos del mar Muerto

Cuando dos pastores **beduinos** penetraron por error en 1947 en una cueva en busca de una cabra perdida, y descubrieron antiguos rollos encerrados en vasijas, se desató una de las disputas paleográficas más fascinantes de la historia.

Esos rollos contenían extractos o pasajes enteros de los libros de la Biblia. Se les denominó los rollos del **Mar Muerto**. Procedían del año 150 a.C hasta el 70 d.C. Muy pronto surgieron teorías curiosas sobre su contenido: unos afirmaban que esos textos daban una vuelta a los Textos Sagrados, los cuales habían sido deformados a lo largo de los siglos por la **historiografía** cristiana.

Otros, añadieron que la Iglesia no quería dar a conocer su contenido pues contenían reveladoras **contradicciones** sobre Jesús.

Los hubo que dijeron que era el mejor testimonio del Nuevo Testamento, y hasta que Jesús formó parte de la comunidad de los esenios, la secta enigmática que había escrito y guardado esos textos en vasijas.

Nada de eso es verdad.

Los textos hallados en las cuevas de *Qumrán*, a orillas del Mar Muerto, son **fragmentos procedentes de unos 800 manuscritos** que, en su origen, se presentaron en forma de rollos. Muchos de esos manuscritos son copias de copias, pues en la antigüedad, el papiro era desgraciadamente, la forma más popular de transmitir el saber. Y el papiro se deteriora fácilmente.

Antiguo Testamento

¿Qué contenían entonces? En parte son

textos **bíblicos, del Antiguo Testamento, y en parte son textos religiosos no bíblicos** de diverso signo, como reglas morales y legales. Existen unos 200 manuscritos bíblicos entre los que se encuentran 32 copias del Libro de los Salmos, 28 copias del Deuteronomio, 21 copias del Libro de Isaías, citas ínfimas (los *teffilim*, o pequeñas tiras de cuero), con citas del Éxodo y del Deuteronomio, tiras que se ponían en un estuche y que se llevaban en el brazo o sobre la cabeza.

Los manuscritos esenios permitieron completar algunos pasajes oscuros de las Sagradas Escrituras, pero no descubrieron nada realmente fascinante, a pesar de que se trató de uno de los hallazgos arqueológicos más importantes del siglo XX.

Un rollo del Mar Muerto.
-Foto: lainformacion.com

Reconstrucción exacta

Al cotejarse los manuscritos de Qumrán con las versiones modernas de la Biblia, muchos exegetas y **paleógrafos** respiraron tranquilos al comprobar que la historiografía cristiana, después de todo, había trabajado con enorme exactitud: había logrado componer unos escritos sagrados bastante certeros.

Los manuscritos de Qumrán demostraron que el trabajo de los doxógrafos y paleógrafos cristianos fue serio y atinado durante siglos, y que en Qumrán solo había textos del Antiguo Testamento.

Y a pesar de que, más recientemente, el padre Josep O'Callahan, (experto papirólogo), vio en algunos de estos trozos de *Qumrán* pequeñas frases del Nuevo Testamento, un examen más profundo constató que la vida de **Jesús** no estaba recogida en los manuscritos.

¿Quiénes eran estos esenios?

Según se desprende del texto referido a **la Regla de la Comunidad**, los esenios eran un grupo judío "fuertemente estructurado, con su propia jerarquía y funcionarios, cuyos miembros ponían en común todos sus bienes, participaban en comidas comunitarias, y se hallaban sometidos a una disciplina muy estricta, con penas y castigos para cualquier transgresión", comenta *Florentino García Márquez* en la reseña *'Los manuscritos de Qumrán'*. En suma, un grupo de judíos conviviendo hace más de dos mil años bajo mismas reglas que los **kibutz** del siglo XX.

¿Por qué se habían retirado al desierto, imitando al profeta *Isaías*? Según se desprende de otro texto encontrado en *Qumrán*, (la Regla de la Guerra), se llamaban a sí mismos *Los Hijos de la Luz*, se habían retirado para purificarse, y esperaban volver a Jerusalén "al final de los tiempos", después de haber vencido a *Los Hijos de las Tinieblas.*

Textos en Google

Los textos del Mar Muerto son **públicos desde 1991**, cuando las autoridades arqueológicas de Israel (que controlan el acceso a los documentos desde la Guerra de los Seis Días en 1967), permitieron la libre consulta a todos los documentos. Desde esa fecha, se han ido fotografiando, y desde hace pocos años, se podían consultar en internet en este formato. Pero ahora, con Google, se pueden consultar de una forma mucho más cómoda: digitalizados. Y además, Google Maps aporta la localización exacta de aquellos manuscritos.

La vida de Jesús

Aunque parezca increíble, reunir las partes del Nuevo Testamento fue una tarea incluso más ardua para los eruditos. Tras la muerte de Jesús, en la primera mitad del siglo I, sus milagros y obras fueron pasando de boca en boca hasta extenderse por todo el Mediterráneo. En la segunda mitad del siglo I había decenas de versiones: en siríaco, en copto, en latín, en griego culto, en armenio.... Algunas coincidían. Otras no.

El caso es que a medida que pasaba el tiempo, aumentaba el número de versiones. Cuanto más famoso era Jesús, y más se extendía el cristianismo por el mundo, más difícil era encontrar 'la versión' fiable de su vida.

En el 370 se elaboró una lista que contenía cuatro evangelios creíbles, además de epístolas o cartas de San Pablo, hechos de Apóstoles y el Apocalipsis de San Juan. En un concilio celebrado en 397 después de Cristo fueron consagrados después de cotejar unos con otros, y descartar varias versiones.

El evangelio de San Mateo es el más directo pues Mateo fue uno de los discípulos de Jesús, a quien fue encomendada una misión de apostolado por el mundo.

San Marcos y San Lucas no conocieron a Jesús pero oyeron de él por los relatos de San Pablo. Eran sus discípulos.

Por último, está evangelio de San Juan, el más joven de los discípulos. Este evangelio diferente a los otros tres en su redacción y en su estilo.

Ahora bien, estos evangelios pudieron haber sido escritos por ellos, o por comunidades de fieles que recogieron estas versiones y las compilaron entre el siglo I y el III. Luego, esas versiones fueron copiadas centenares de veces hasta que los concilios las consagraron.

¿Y dónde están los manuscritos?

Los eruditos de hoy calculan que hay a su disposición hasta 150.000 manuscritos antiguos.

Manuscrito encontrado en 2012 con una supuesta frase de Jesús
Pero dentro de esa marabunta de manuscritos, se ha determinado cuáles son los más fiables.

Son manuscritos se hallan hoy en el Vaticano, en San Petersburgo, en París, en Cambridge... De alguno solo hay pequeños trozos que han tenido que ser complementados con versiones posteriores.

El manuscrito más antiguo y completo del Nuevo Testamento es el Codex Sinaiticus, conservado en la Biblioteca Británica de Londres. Está escrito en griego uncial (un tipo de letra mayúscula), y data del 330-350 después de Cristo.

Pero si hablamos de trozos sueltos, el más antiguo procede del 125-130 después de Cristo, se llama el papiro Rylands y procede del evangelio de San Juan. Está escrito por ambas caras y se conserva en la Biblioteca Rylands de Manchester.

Papiro Rylands, el manuscrito más antiguo sobre la vida de Jesús. -Foto: lainformacion.com
Cada año, aparecen nuevos 'trozos' del Nuevo o del Antiguo Testamento, y entonces se desata una pelea para saber si es copia fiel, o si es una versión mal trabajada.

El último texto apareció en 2012 y provocó un pequeño revuelo en marzo de 2014, cuando fue dado por cierto por la *Harvard Theological Review*. Se trata de un pequeño pasaje del Nuevo Testamento datado entre el VI y el IX d.C. y que expone esta frase: "Jesús les dijo: mi esposa...".

Todavía se duda de su autenticidad.

Versiones de la Biblia

Existen muchas versiones de la Biblia, en este artículo vamos a   tratar algunas de las más populares e importantes.

El Antiguo Testamento fue escrito originalmente en Hebreo con algunas partes en Arameo y el Nuevo Testamento fue escrito en Griego con algunas palabras en Arameo también.

La Septuaginta

Fragmento de la Septuaginta:

Pero antes que Jesús naciera, los judíos ya habían visto la necesidad de traducir el A.T. al griego, principalmente por la gran cantidad de judíos que vivían fuera de Jerusalén que crecían hablando griego. Por eso se dedicaron a traducir todos los libros canónicos incluyendo otros libros históricos importantes para la cultura judía. Esta traducción se le conoce como la Septuaginta o la LXX (Setenta).

Es importante notar que los libros Canónicos son aquellos considerandos como inspirados por Dios. Los libros que no fueron inspirados se les conoce comúnmente como Deuterocanónicos (segundo canon) o apócrifos (libros falsos). Los apócrifos son los libros que no fueron escritos por sus autores, por ejemplo el Evangelio de Pedro es un libro apócrifo que no fue escrito por Pedro.

Desde el punto de vista Teológico, solo debe existir un Canon, por eso un segundo Canon o libros Deuterocanónicos no es algo aceptado por la mayoría de teólogos.

El Texto Masorético y Rollos del Qumrán

En los primeros años de cristianismo, un grupo de Judíos hicieron una nueva recopilación de todo el Antiguo Testamento pero en Hebreo, a este texto se le llama el Texto Masorético, recibe el nombre de unos judíos llamados masoretas. Este texto ha sido y sigue siendo la base de muchas Biblias. Muchos cuestionaban este texto por ser post-cristiano, es decir, se recopiló después de Jesucristo, pero hace apenas 64 años, en 1947, se descubrieron los Rollos del Mar Muerto, también llamados los manuscritos del Qumrán. Esta era una colección hecha por unos judíos de los esenios. Estos manuscritos datan de 150 años antes de Cristo. Al comparar el Texto Masorético con estos manuscritos las diferencias fueron increíblemente pequeñas, comprobando así la fiabilidad de los manuscritos bíblicos actuales.

La Vulgata Latina

Cuando la Iglesia Católica le pide a Jerónimo hacer una traducción de las Escrituras al Latín, este utiliza principalmente la traducción del A.T. en griego de la Septuaginta y manuscritos del N.T. en griego. A esta versión se le conoce como la Vulgata Latina (382 d.C.), esto porque fue traducido al Latín común del pueblo y no al Latín clásico. Jerónimo incluye dentro de esta versión algunos libros Deuterocanónicos existentes en la Septuaginta. Cada fragmento que Jerónimo traducía debía ser aprobado por la Iglesia Católica, aunque ellos no tenían el mismo conocimiento de Jerónimo.

El Textus Receptus

Durante la edad media, el teólogo holandés Erasmo hizo una recopilación de los manuscritos más antiguos que existían del N.T. en griego, y con la nueva imprenta se publica todo el Nuevo Testamento en griego donde las páginas estaban divididas en dos columnas; una columna tenía el texto en griego y la segunda columna tenía la Vulgata Latina, a esta versión se le llama Textus Receptus (El Texto Recibido) en 1522. La gente ahora podía comparar la Vulgata Latina con el griego original "recibido". Esto produjo un gran escándalo porque la gente empezó a comparar los dos textos y a darse cuenta que la traducción de San Jerónimo contenía errores. Erasmo sin embargo fue astuto, porque negó ser protestante y mantenerse fiel a la Iglesia Católica. Sin embargo el "daño" ya se había hecho, y esto despertó la curiosidad de muchas personas.

La Biblia de Lutero

Martín Lutero, un monje reformista se inspira por la publicación de Erasmo y empieza a trabajar en una traducción al alemán utilizando el Textus Receptus. En 1522 Lutero publica la Biblia al idioma del pueblo y provoca un revuelo en toda Europa, inspirando una gran cantidad de traducciones de la Biblia. La Biblia de Lutero fue base para la traducción del Nuevo Testamento al ingles de Willian Tyndale.

La Biblia Reina-Valera

En 1569 Casiodoro de Reina hace una traducción de la Biblia al español, a esta Biblia se le conoce como la Biblia del Oso. Casiodoro utilizó el Nuevo Testamento en griego de Erasmo. Luego en 1602 Cipriano de Valera hace una revisión de esa Biblia y se le llama la Biblia del Cántaro. Mas adelante esta Biblia pasa a ser la Biblia Reina-Valera.

Otras Biblias antiguas no tan populares son: Biblia Alfonsina (1280) traducida de la Vulgata Latina al español y La Biblia del Alba (1430) traducida del texto Masoreta.

Biblia Modernas

La Biblia Dios Habla Hoy (1979) es una publicación de las Sociedades Bíblicas Unidas buscando reconciliar las diferencias con la Iglesia Católica, esta es una versión dinámica, es decir, no es muy literal, por lo que muchos pasajes pueden llegar a traducirse con una dosis de interpretación. En lo personal, yo nunca uso esta Biblia y tampoco la recomiendo.

La Nueva Versión Internacional (1979) es una traducción dinámica, donde debilitan muchas verdades bíblicas, como la inmoralidad sexual, la doctrina de la salvación, la doctrina del infierno y castigo eterno, etc. Puede leer mas aquí sobre la Nueva Versión Internacional. Ya no uso esta Biblia desde que tenemos la ReinaValera Contemporánea.

La Biblia de las Américas o La Nueva Biblia Latinoamericana de Hoy (1986), es una traducción al español hecha por traductores latinoamericanos. La idea de la traducción es utilizar un lenguaje agradable para el lector. No uso esta Biblia (aunque la tengo) pero tampoco he escuchado quejas de ella.

La Traducción del Nuevo Mundo (1987) es el libro usado por la secta de los Testigos de Jehova, esta versión no merece llamarse Biblia puesto que destruye completamente cualquier regla concerniente a traducción e interpretación de la Biblia. Los traductores, a diferencia de otras Biblias, prefieren mantener anonimato y no se sabe quienes o cuantas personas participaron en la traducción. Hacer lista de la cantidad de errores es una tarea interminable. Es un buen pisapapeles.

La Biblia en Lenguaje Sencillo (2003)
(contemporánea)
es una Biblia de traducción dinámica, es decir, no es literal. Esta enfocada principalmente a niños. No le recomiendo esta Biblia si desea hacer estudios bíblicos, pero la recomiendo mucho si quiere leer las historias de la Biblia a los niños.

La Reina-Valera Contemporánea (2011) es una Biblia que mantiene la belleza de la Reina-Valera tradicional, pero actualizan el idioma al español latinoamericano. La recomiendo altamente para jóvenes y personas nuevas en el evangelio. Todavía utilizo la Reina-Valera 1995, pero pronto voy a pasarme a esta nueva versión.
Hay muchas otras Biblias, pero por ahora lo dejo hasta aquí.

Versiones de la Biblia en español

By Ana Fermin

Uno de los resultados de la Reforma Protestante, que coincidió con la novedad de la imprenta de Johannes Gutenberg al final del siglo XV y hacia los principios del XVI, fue la disponibilidad de la Biblia para el hombre común. Antes de este tiempo la Biblia se leía en latín y las copias les pertenecían aquellos que ministraban y enseñaban en la iglesia . Hoy la tenemos en casi todos los idiomas y existen miles de versiones.

Las versiones de la Biblia en español son demasiadas numerosas, pero a través de los años han surgido ciertas versiones que han aportado grandes bendiciones para los creyentes. La siguiente lista contiene las versiones contemporáneas más populares entre los hispanohablantes.

En orden alfabético:

La Biblia de las Américas (LBLA)

Traducida especialmente para el latinoamericano en el 1986 directamente del hebreo, arameo y griego por la Fundación Lockman. Fue una versión popular para la evangelización. Otras revisiones siguieron en el 1995 y 1997.

Ejemplo: "Porque de tal manera amó Dios al mundo, que dio a su Hijo unigénito, para que todo aquel que cree en El, no se pierda, mas tenga vida eterna.

Dios Habla Hoy (DHH)

Proyecto de Sociedades Bíblicas Unidas, con la primera traducción publicada en el 1966. Desde ese entonces ha habido cuatro revisiones más. Es un español simple y fácil de entender.

Ejemplo: "Pues Dios amó tanto al mundo, que dio a su Hijo único, para que todo aquel que cree en él no muera, sino que tenga vida eterna."

La Palabra (Hispanoamérica) (BLPH)

Esta es la versión para Latinoamérica publicada por la Sociedad Bíblica de España en el 2010. Es una versión que intenta simplificar no solo el lenguaje, pero la idea principal de cada texto. Varía en gran manera a las otras versiones, como podrás ver en verso que estamos examinando.

La Palabra de Dios Para Todos (PDT)

Una versión del Centro Mundial de Traducción de La Biblia que primero se publicó en el 2005, y después en el 2008 y 2012.

Ejemplo: "Dios amó tanto al mundo que dio a su Hijo único para que todo el que crea en él no se pierda, sino que tenga vida eterna."

La Reina Valera del 1960 (RVR60)

Mejor considerada la como "la tradicional" y es quizás la versión más usada en español. Es la que regularmente se usa para memorizar esos versos claves, tal como el Salmo 23 o el Padre Nuestro. La traducción es propiedad de la Sociedad Bíblica Americana.

Ejemplo: "Porque de tal manera amó Dios al mundo, que ha dado a su Hijo unigénito, para que todo aquel que en él cree, no se pierda, mas tenga vida eterna."

La Reina Valera del 1995 (RVR95)
Es una versión de Sociedades Bíblicas Unidas.

Ejemplo: "De tal manera amó Dios al mundo, que ha dado a su Hijo unigénito, para que todo aquel que en él cree no se pierda, sino que tenga vida eterna."

La Reina Valera Contemporánea (RVC)
Revisada en el 2009 y otra vez en el 2011, la RVC entrelaza el español moderno con la tradición

Valera. Es un proyecto de Sociedades Bíblicas Unidas.

Ejemplo: "Porque de tal manera amó Dios al mundo, que ha dado a su Hijo unigénito, para que todo aquel que en él cree no se pierda, sino que tenga vida eterna."

La Nueva Versión Internacional (NVI)

Versión de Bíblica, originalmente publicada en el 1979. Es la versión que regularmente usamos para comparar con la RVR60. Es popular en la evangelización y entre nuevos creyentes.

Ejemplo: "Porque tanto amó Dios al mundo, que dio a su Hijo unigénito, para que todo el que cree en él no se pierda, sino que tenga vida eterna."

Traducción en Lenguaje Actual (TLA)

Una vez más Sociedades Bíblicas Unidas proveen un texto contemporáneo y (en cierto sentido) casual. Se introdujo en el 2000.

Ejemplo: "Dios amó tanto a la gente de este mundo, que me entregó a mí, que soy su único Hijo, para que todo el que crea en mí no muera, sino que tenga vida eterna."

La Biblia del Oso (1569)

Es la primera versión de la Biblia completa en español, traducción de Casiodoro de Reina. Realmente es un tesoro poder leerla e imaginarse como se sintieron nuestros ancestros la primera vez que pudieron obtener una copia de las sagradas escrituras y leerla en sus propios hogares. Aunque es difícil de encontrar, algunos sitios tiene la versión del castellano antiguo publicada online. Aquí va uno .

Ejemplo: "Porque de tal manera amó Dios al mundo, q̄aya dado à fu Hijo Vnigenito: paraq̄todo aquel q̄ en el cree, no fe pierda, mas aya vida eterna."

LAS 101 CLARAS CONTRADICCIONES DE LA BIBLIA

Traducido para ISLAM EN LINEA por :
Mauricio David Morlet

Utilizando dos versiones distintas de la Biblia en Castellano en las cuales se encuentran dichas contradicciones. Versiones utilizadas:

1)Versión Católica, Sociedad Bíblica Católica Internacional, Roma. Editorial Verbo Divino, Navarra, España.

2)Versión Protestante, LA SANTA BIBLIA Antigua Versión de Casiodoro de Reina (1569) Revisada por Cipriano de Valera (1602) Otras revisiones: 1862, 1909 y 1960. Thomas Nelson Publishers.

En el Antiguo Testamento

1.¿Quién incitó a David contra Israel y Judá y le envió para hacer un Censo?

· Dios lo hizo (2 Samuel 24:1)
· Satanás lo hizo (1 de Crónicas 21:1)

2.En dicho censo, ¿Cuántos hombres fueron hallados de Israel?

· De Israel 800, 000 mil (2 de Samuel 24:9)
· De Israel 1' 100, 000 mil (1 de Crónicas 21:5)

3.En dicho Censo, ¿Cuántos hombres fueron hallados de Judá?

· de Judá 500, 000 mil (2 de Samuel 24:9)
· de Judá 470, 000 mil (1 de Crónicas 21:5)

4.Dios envió a Su Profeta Gad para preguntar a David cuántos años de hambre desearía para su pueblo, ¿Qué respondió David?

· Siete años (2 de Samuel 24:13)
· Tres años (1 de Crónicas 21:12) *****

5.¿Qué edad tenía Ocozías cuando comenzó a reinar en Judá?

· 22 años de edad (2 de Reyes 8:26)
· 42 años de edad (2 de Crónicas 22:2) *****

6.¿Qué edad tenía Joaquín cuando comenzó a reinar en Jerusalén?

· 18 años de edad (2 de Reyes 24:8)

· 8 años de edad (2 de Crónicas 36:9) *****

7.¿Cuánto tiempo reinó Joaquín sobre Jerusalén?

· 3 Meses (2 de Reyes 24:8)
· 3 Meses y diez días (2 de Crónicas 36:9)

8.El jefe de los valientes de David, ¿Cuántos hombres mató en una ocasión?

· 800 hombres (2 Samuel 23:8)
· 300 hombres (1 de Crónicas 11:11)
· En ambos casos, los nombres anotados no coinciden. *****

9.¿Cuándo fue que David devolvió el Arca a Jerusalén, antes o después de derrotar a los filisteos?

· Después (2 de Samuel capítulos 5 y 6)
· Antes (1 de Crónicas capítulos 13 y 14)

10. ¿Cuántos pares de animales limpios ordenó Dios a Noé que hiciera abordar a la barca?

· Dos pares (Génesis 6:19 y 20)
· Siete pares (Génesis 7:2)

· Sin embargo, en Génesis 7: 8 y 9 se menciona que ingresaron a la barca animales limpios y que no eran limpios sólo de dos en dos.

11. Cuando David derrotó al rey Soba, ¿Cuántos hombres de a caballo capturó?

· 1, 700 (2 de Samuel 8:4)
· 7, 000 (1 de Crónicas 18:4)

12. ¿Cuántas caballerizas para caballos poseía Salomón?

· 40, 000 (1 de Reyes 4:26)
· 4, 000 (2 de Crónicas 9:25)

13. ¿En qué año Baasa se proclamó rey sobre todo Israel en Tirsa mientras Asa era rey de Judá?

· En el tercer año y reinó por veinticuatro años, es decir hasta el 27° año. (1 de Reyes 15:33)
· Sin embargo, en (1 de Reyes 16:8) se narra que el hijo de Baasa cuyo nombre era Ela comenzó a reinar sobre todo Israel en Tirsa en el año 26 del reinado de Asa.
· Más adelante en (2 de Crónicas 16:1) se narra que Baasa rey de Israel subió contra Judá en el año 36

del reinado de Asa, es decir 9 años más de lo que se declara en (1 de Reyes 15:33)

14. ¿Cuántos encargados –o supervisores– designó Salomón para que vigilasen para edificar la casa de Dios?

· 3, 300 (1 de Reyes 5:16)
· 3, 600 (2 de Crónicas 2:2)

15. ¿Cuántas medidas –batos– cabían en el mar que Salomón mandó fabricar dentro del templo?

· 2, 000 (1 de Reyes 7:26)
· 3, 000 (2 de Crónicas 4:5)

16. Cuando los Israelitas volvieron de la cautividad en Babilonia, ¿cuántos eran hijos de Pahat-moab?

· 2, 812 (Esdras 2:6)
· 2, 818 (Nehemías 7:11)

17. Y ¿Cuántos eran los hijos de Zatu?

· 945 (Esdras 2:8)
· 845 (Nehemías 7:13)

18. Y ¿Cuántos eran los hijos de Azgad?

· 1, 222 (Esdras 2:12)
· 2, 622 (Nehemías 7:17) ****
19. Y ¿Cuántos eran los hijos de Adin?

· 454 (Esdras 2:15)
· 655 (Nehemías 7:20)

20. Y ¿Cuántos eran los hijos de Hasún?

· 223 (Esdras 2:20)
· 328 (Esdras 7:22)

21. Y ¿Los varones de Bet-el y Hai?

· 223 (Esdras 2:28)
· 123 (Esdras 7:32)

22. Los libros de Esdras (2:64) y Nehemías (7:66) ambos coinciden sobre que el número total de la congregación era de 42,360 sin embargo ambos libros a la suma individual y separada declaran:

· 29, 818 de Esdras
· 31, 089 de Nehemías

23. ¿Cuántos eran los cantores de la Congregación?

· 200 (Esdras 2:65)
· 245 (Esdras 7:67)

24. ¿Cuál era el nombre de la madre del Rey Abías?

· Micaías hija de Uriel y Gabaa (2 de Crónicas 13:2)
· Maaca hija de Absalón (2 de Crónicas 11:20)
· Sin embargo, Absalón sólo tuvo una hija de nombre Tamar (2 Samuel 14:27)

25. ¿Tomó Josué por completo todo Jerusalén tras las batallas que sostuvo?

· Sí (Josué 10: 23-43)
· No (Josué 15:63)

26. Según el libro de Génesis ¿Adán moriría en el mismo día si comía de la fruta del árbol prohibido?

· Sí (Génesis 2:17)
· No, Adán vivió 930 años (Génesis 5:5)

27. ¿Decidió Dios que el límite de vida de los seres humanos se limitaría a 120 años?

· Sí (Génesis 6:3)
· No, hubo humanos que vivieron muchos más años que lo previsto en Génesis 6. Ver: (Génesis 11:12-16)

28. ¿A quién vendieron los Madianitas a José?

· A los Ismaelitas Génesis (37:28)
· A Potifar, oficial de Faraón Génesis (37:36)

· Nótese que la versión católica dice que los hermanos venderían a José a los Ismaelitas, sin embargo poco después fue a los madianitas a quienes vendieron a José y estos a Potifar, en Egipto. (Génesis 37:26-36)

29. ¿Sintió Dios pesar, arrepentimiento o cambió de idea o decisión?

· No, Porque el que es la Gloria de Israel, no mentirá, ni se arrepentirá, porque no es hombre para que se arrepienta (1 de Samuel 15:29)
· Sí, se arrepintió de haber hecho al hombre (Génesis 6:6)
· ....Me pesa haberlos creado...(Génesis 6:7)
· Si se arrepintió (Éxodo 32:14)
· Se arrepintió de haber puesto por Rey a Saúl (1 de Samuel 15:10-11)

30. Moisés y Aarón se presentaron con Faraón y transformaron el agua en sangre y los magos de Faraón ¿hicieron lo mismo?

· Todas las aguas se transformaron en sangre, sus ríos, sus canales, sus estanques, sobre todos sus depósitos, había sangre en toda la tierra de Egipto hasta en sus vasijas, tanto de madera como de piedra. (Éxodo 7: 19-21)

· Los magos de Faraón hicieron lo mismo (Éxodo 7:22) Esto es imposible ya que previamente Aarón y Moisés lo habían transformado todo en sangre.

31. ¿Quién mató a Goliat?

· David (1 de Samuel 17:23-50)
· Eljanán (2 de Samuel 21:19)

32. ¿Quién mató a Saúl?

· Saúl mismo, se arrojó sobre su espada (1 de Samuel 31:4-6)
· Un Amalecita, quién le informó a David sobre la muerte de Saúl y su hijo (2 de Samuel 1:1-16)

33. ¿Todos los hombres cometerán pecados?

· Sí, no hay hombre que no peque (1 de Reyes 8:46) Ver también (2 de Crónicas 6:36, Proverbios 20:9, Eclesiastés 7:20, 1 de Juan 1:8-10)

· No, los verdaderos cristianos No pecan (1 de Juan 3:6-9) Porque los cristianos son hijos de Dios (1 de Juan 5:1)

· **¿Y los hijos de Abraham, Israel y aún antes, no son hijos de Dios?**

Aclaración: Las contradicciones no sólo se dan entre las propias versiones señaladas sino comparándolas indistintamente entre ellas mismas. Los asteriscos se corresponden a un menor número de contradicciones en la versión Católica de la Biblia.

Al mismo tiempo, conviene destacar sobre que, según la Iglesia Católica precursora del origen del Nuevo Testamento, la totalidad de los libros del mismo, no son una revelación ni tampoco aclaran todos los asuntos o preguntas de los creyentes al decir en su introducción de la versión de la Editorial Verbo Divino:

.........Por muy inspirados que sean por Dios, estos libros no cayeron del cielo, sino que se deben a los apóstoles y evangelistas de la Iglesia primitiva. No pretenden contestar todas nuestras preguntas e interrogantes respecto de la fe; son un conjunto de testimonios referentes al impacto que produjo en sus contemporáneos esta persona única que es Cristo Jesús.

Ni religioso tradicional, ni ateo acérrimo. Albert Einstein, la mente más brillante de la última era de la humanidad, dejó un pensamiento avanzado para su tiempo sobre la religión, la ciencia y el hombre. Su posición frente a un tema tan trascendente sigue inquietando. "La ciencia sin religión es inaceptable, la religión sin ciencia es ciega", escribió. Fue un devoto de la misteriosa "fuerza" que tiene el universo, pero refutó a la Biblia y a las estructuras religiosas que se montan sobre sus textos.

"La palabra Dios es para mí nada más que la expresión y producto de debilidades humanas, la Biblia una colección de honorables aunque primitivas leyendas que son bastante infantiles. Ninguna interpretación, por sutil que sea, puede cambiar esto para mí. Para mí la religión judía, como todas las demás, es una encarnación de las supersticiones más infantiles. Y el pueblo judío, al que de buen grado pertenezco y con cuya mentalidad tengo una profunda afinidad, no tiene para mí una calidad distinta a la de todos los demás pueblos. Hasta donde llega mi experiencia, no son mejores que otros grupos humanos, aunque están protegidos de los peores cánceres por una falta de poder. Fuera de eso no puedo ver en ellos nada de 'elegidos'".

Lo escribió en una carta el físico Albert Einstein en el año 1954, un año antes de morir. Esa carta fue noticia estos días ya que fue subastada en Londres y un coleccionista pagó 400 mil dólares por el papel.

El viejo testamento.

Existen numerosos trabajos que ponen en duda la divinidad y originalidad del viejo testamento, la Biblia judía que luego anexa a sus escrituras el cristianismo.

En http://historia.alamedianoche.com/mitos-de-la-biblia/
se puede conocer como llegan esas historias al libro sagrado. La fuente de inspiración no ha sido Dios, sino las culturas monoteistas anteriores al nacimiento de judaísmo y los mitos griegos...

Hasta el siglo XIX, las sugerencias acerca de que los escribas de las sagradas escrituras podían haberse «inspirado» en narraciones más antiguas eran prácticamente nulas, o quedaban rápidamente marginadas. Sin embargo, en este siglo surgen ya las primeras voces de diversos estudiosos que proponen trabajos en este sentido. L. de Wette, por ejemplo, llevó a cabo un trabajo en el que comparaba fragmentos del Antiguo Testamento con algunos de los mitos clásicos recogidos por

Homero. Algunas décadas más tarde, en 1892, se publicaba un libro de H. E. Ryle, en el que se aseguraba que los primeros libros del Antiguo Testamento eran reinterpretaciones de mitos babilónicos, «corregidos de forma que presentaran un monoteísmo». Aquellos análisis iniciales, acompañados por ciertos descubrimientos arqueológicos relevantes, marcaron la pauta de una línea crítica con los hechos reflejados en las páginas del Antiguo Testamento.

Hágase La Luz

«En el principio creó Dios los cielos y la tierra (…). Y dijo Dios: Haya luz, y hubo luz. Y vio Dios que la luz era buena; y separó Dios la luz de la oscuridad». Con estas palabras comienza el Génesis, el primer libro del Antiguo Testamento. Durante siglos, teólogos y creyentes han considerado estas frases (y toda la Biblia) como hechos ciertos e incontestables, como una narración procedente del propio Creador y que no «bebía» de otras fuentes.

Sin embargo, en 1876 los arqueólogos sacaron a la luz una serie de tablillas cubiertas de escritura cuneiforme que contenían el llamado Poema acadio de la Creación. A partir de esa fecha, los investigadores han encontrado otras copias de dicho texto, cuyo contenido supone un duro varapalo para los defensores de la originalidad de las Sagradas Escrituras. La versión más extensa de las encontradas hasta el momento se conoce como Enuma Elish (las primeras palabras del texto, que se traducen como «Cuando en lo alto...») y está compuesta por siete de estas tablillas.

En su libro Los mitos hebreos (Alianza Editorial), Robert Graves y Raphael Patai describen con detalle el contenido de dicha narración: en el comienzo de los tiempos, los dioses Apsu (el procreador) y Tiamat (la Madre) se unieron y engendraron numerosos monstruos. Tiempo después surgió una generación de dioses más jóvenes. «Uno de ellos, Ea, dios de la sabiduría, desafió y mató a Apsu. Tiamat se casó con su propio hijo Kingu, engendró monstruos con él y se dispuso a vengarse de Ea». El único que tuvo valor para enfrentarse a Tiamat fue el hijo de Ea, Marduk. Éste mató a Tiamat y, tras partirla por la mitad, utilizó una de las partes «como firmamento, para impedir que las aguas de arriba inundaran la tierra; y la otra como base rocosa para el mar y la tierra». Este fragmento del Enuma Elish recuerda sospechosamente al relato del Génesis sobre el segundo día de la creación: «(...)Y dijo Dios: Haya un firmamento en medio de las aguas y que separe las aguas de las aguas. E hizo Dios el firmamento y apartó las aguas que estaban debajo del firmamento de las que estaban arriba del firmamento. Y llamó Dios al firmamento cielos».

El nuevo testamento.

El sitio de ARCE, Asociación de Revistas Culturales Españolas, hace un interesante análisis sobre la multiplicidad de trabajos literarios que refutan a la Biblia cristiana y a la propia institución vaticana. Todo parece encajar en una decadencia del poder imperial cristiano a partir de una mayor cantidad de información que circula por el mundo. El mito milenario ya no es fácil de sostener.

En el artículo de Víctor Claudín se exponen detalles de cómo se gestó la Biblia que alzan hoy los religiosos:

http://www.revistasculturales.com/articulos/90/letra-internacional/234/1/-y-si-la-parte-esencial-de-la-biblia-fuera-mentira.html

(…) El emperador Constantino, quien durante toda su vida fue sumo sacerdote del culto pagano al Sol, al ir a morir se convirtió al cristianismo porque para él lo más importante no era la piedad sino la unidad y la convivencia, y tenía el reto de dejar fortalecido y unido el Imperio romano.

Eligió el cristianismo porque era la religión que estaba en expansión, y creó una religión híbrida adaptando símbolos paganos al ritual católico. Nada en el cristianismo es original.

Constantino convocó en el 325 el Concilio de Nicea. Allí se decidió, entre otras cosas, la fecha de la Pascua, y las reglas que definirían en adelante la autoridad de los obispos. Y, sobre todo, se votó que Jesús era un dios y no un profeta mortal, resultado conseguido merced a una diferencia muy ajustada. Es decir, que a partir de ese instante es cuando Jesús se convierte en Dios.

Además de que un año después Constantino también sancionara la confiscación y destrucción de todas las obras que desafiaran las enseñanzas ortodoxas que convenían a su particular combate político. En el año 331 encargó y financió nuevas copias de la Biblia, siendo así que los custodios de la ortodoxia revisaron, modificaron y rescribieron el material como les parecía conveniente de acuerdo con sus intereses.

De ahí que de las cinco mil versiones manuscritas del Nuevo Testamento que se conservan, ninguna es anterior al siglo IV . Para la elaboración del Nuevo Testamento se tuvieron en cuenta más de 80 evangelios, pero sólo unos pocos acabaron incluyéndose, omitiéndose aquellos en los que se hablara de los rasgos «humanos» de Cristo. Siempre sirviendo a los intereses que mandaban en ese tiempo en el Imperio. Como siempre ha sucedido también después.

Por tanto, se confirma (se confirmó, aunque se quiera seguir sin saber) que la Biblia es un producto del hombre, no de Dios, una obra de esencia política, organizada para dejar constancia histórica de una visión de aquellos tiempos tumultuosos y del mensaje que se consideraba apropiado. Y ha evolucionado a partir de innumerables traducciones, adiciones y revisiones. La historia nunca ha contado con una versión definitiva, continuamente se ha rehecho al capricho de los gobernantes.

¿Por qué de repente los libros dedicados a este asunto inundan anaqueles, escaparates y mesas de novedades de librerías y grandes superficies? ¿Qué pasa? Ciertamente la novela histórica, así como los libros propiamente históricos, llevan varios años convertidos en los más consumidos, y puede que una explicación sea la de que esto sólo forma parte de la historia, del más crucial de los capítulos que han afectado al curso posterior de todos los acontecimientos que en este mundo se han vivido. Por tanto, es razonable pensar que se trata de una mera extensión del interés por «lo histórico».

Pero conocer el poder de la Iglesia de Roma, su tremenda influencia social y política en nuestra sociedad, su enorme capacidad para manejar todas las áreas de la vida, tanto privada como colectiva, no nos permite ser ingenuos. Tiene necesariamente que haber algo más. ¿O no? También es preciso tener en cuenta el enorme número de sectas, subsectas, religiones, asociaciones clandestinas, clubes secretos, «obras» diversas, múltiples congregaciones, órdenes variopintas... algunas pocas incluso con mucho poder o gran influencia en el poder. Y no sólo me refiero al Opus Dei, cuyo líder ya convirtieron en santo y cuya cualificada militancia tanta influencia ejerce sobre nuestro país.

Einstein y la religión

Einstein cosechó con sus palabras años de investigaciones y lecturas, donde la ciencia se topó con Dios. Se crió en un hogar judío, pero tuvo vivencias en el cristianismo. Alcanzó la religión a partir de la emoción que percibía del orden y la armonía del cosmos. Su religión no se inscribía en esas poderosas estructuras que imponen normas de vida "inspiradas" por Dios. Esas "instituciones" dirigidas por quienes se proclaman "elegidos", que tienen en sus manos la definición del bien y del mal y amenazan con el castigo eterno a aquellos que no respetan sus reglas.

Durante una reunión social, alguien se extrañó de haber oído que era profundamente religioso. Einstein le respondió: "Sí, lo soy. Al intentar llegar con nuestros medios limitados a los secretos de la naturaleza, encontramos que tras las relaciones causales discernibles queda algo sutil, intangible e inexplicable. Mi religión es venerar esa fuerza, que está más allá de lo que podemos comprender. En ese sentido soy de hecho religioso". Y escribió en una carta: " las leyes de la naturaleza manifiestan la existencia de un espíritu enormemente superior a los hombres … frente al cual debemos sentirnos humildes".

Habló en un tiempo de un "sentimiento religioso cósmico" que permeaba y sostenía su obra científica. Pero sus palabras ponen en jaque la existencia del Vaticano, entre otras instituciones poderosas cimentadas en la Biblia, el libro sagrado.

"Él no juega a los dados". Así se refirió de Dios cuando debió justificar la aleatoriedad revelada por la teoría cuántica. Su Dios no era precisamente las representaciones que adornan los templos, ni sus historias fantásticas.

Otra nota sobre: Las 101 claras contradicciones de la Biblia

http://www.taringa.net/posts/offtopic/6135935/Las-101-claras-contradicciones-de-la-Biblia.html

Esto es sólo para pensar y discernir, la idea no es discriminar ni ofender.

Utilizando dos versiones distintas de la Biblia en Castellano en las cuales se encuentran dichas contradicciones. Versiones utilizadas:

Versión Católica, Sociedad Bíblica Católica Internacional, Roma. Editorial Verbo Divino, Navarra, España.

Versión Protestante, LA SANTA BIBLIA Antigua Versión de Casiodoro de Reina (1569) Revisada por Cipriano de Valera (1602) Otras revisiones: 1862, 1909 y 1960. Thomas Nelson Publishers.

En el Antiguo Testamento

¿Quién incitó a David contra Israel y Judá y le envió para hacer un Censo?

· Dios lo hizo (2 Samuel 24:1)
· Satanás lo hizo (1 de Crónicas 21:1)

En dicho censo, ¿Cuántos hombres fueron hallados de Israel?

· De Israel 800, 000 mil (2 de Samuel 24:9)
· De Israel 1' 100, 000 mil (1 de Crónicas 21:5)

En dicho Censo, ¿Cuántos hombres fueron hallados de Judá?

· de Judá 500, 000 mil (2 de Samuel 24:9)
· de Judá 470, 000 mil (1 de Crónicas 21:5)

Dios envió a Su Profeta Gad para preguntar a David cuántos años de hambre desearía para su pueblo, ¿Qué respondió David?

· Siete años (2 de Samuel 24:13)
· Tres años (1 de Crónicas 21:12) *****

¿Qué edad tenía Ocozías cuando comenzó a reinar en Judá?

· 22 años de edad (2 de Reyes 8:26)
· 42 años de edad (2 de Crónicas 22:2) *****

¿Qué edad tenía Joaquín cuando comenzó a reinar en Jerusalén?

· 18 años de edad (2 de Reyes 24:8)
· 8 años de edad (2 de Crónicas 36:9) *****

¿Cuánto tiempo reinó Joaquín sobre Jerusalén?

· 3 Meses (2 de Reyes 24:8)
· 3 Meses y diez días (2 de Crónicas 36:9)

El jefe de los valientes de David, ¿Cuántos hombres mató en una ocasión?

· 800 hombres (2 Samuel 23:8)
· 300 hombres (1 de Crónicas 11:11)
· En ambos casos, los nombres anotados no coinciden. *****

¿Cuándo fue que David devolvió el Arca a Jerusalén, antes o después de derrotar a los filisteos?

· Después (2 de Samuel capítulos 5 y 6)
· Antes (1 de Crónicas capítulos 13 y 14)

¿Cuántos pares de animales limpios ordenó Dios a Noé que hiciera abordar a la barca?

· Dos pares (Génesis 6:19 y 20)
· Siete pares (Génesis 7:2)

· Sin embargo, en Génesis 7: 8 y 9 se menciona que ingresaron a la barca animales limpios y que no eran limpios sólo de dos en dos.

Cuando David derrotó al rey Soba, ¿Cuántos hombres de a caballo capturó?

· 1, 700 (2 de Samuel 8:4)
· 7, 000 (1 de Crónicas 18:4)

¿Cuántas caballerizas para caballos poseía Salomón?

· 40, 000 (1 de Reyes 4:26)
· 4, 000 (2 de Crónicas 9:25)

¿En qué año Baasa se proclamó rey sobre todo Israel en Tirsa mientras Asa era rey de Judá?

· En el tercer año y reinó por veinticuatro años, es decir hasta el 27° año. (1 de Reyes 15:33)
· Sin embargo, en (1 de Reyes 16:8) se narra que el hijo de Baasa cuyo nombre era Ela comenzó a reinar sobre todo Israel en Tirsa en el año 26 del reinado de Asa.
· Más adelante en (2 de Crónicas 16:1) se narra que Baasa rey de Israel subió contra Judá en el año 36 del reinado de Asa, es decir 9 años más de lo que se declara en (1 de Reyes 15:33)

¿Cuántos encargados −o supervisores- designó Salomón para que vigilasen para edificar la casa de Dios?

· 3, 300 (1 de Reyes 5:16)
· 3, 600 (2 de Crónicas 2:2)

¿Cuántas medidas –batos- cabían en el mar que Salomón mandó fabricar dentro del templo?

· 2, 000 (1 de Reyes 7:26)
· 3, 000 (2 de Crónicas 4:5)

Cuando los Israelitas volvieron de la cautividad en Babilonia, ¿cuántos eran hijos de Pahat-moab?

· 2, 812 (Esdras 2:6)
· 2, 818 (Nehemías 7:11)

Y ¿Cuántos eran los hijos de Zatu?

· 945 (Esdras 2:8)
· 845 (Nehemías 7:13)

Y ¿Cuántos eran los hijos de Azgad?

· 1, 222 (Esdras 2:12)
· 2, 622 (Nehemías 7:17) ****

Y ¿Cuántos eran los hijos de Adin?

· 454 (Esdras 2:15)
· 655 (Nehemías 7:20)

Y ¿Cuántos eran los hijos de Hasún?

· 223 (Esdras 2:20)
· 328 (Esdras 7:22)

Y ¿Los varones de Bet-el y Hai?

· 223 (Esdras 2:28)
· 123 (Esdras 7:32)

Los libros de Esdras (2:64) y Nehemías (7:66) ambos coinciden sobre que el número total de la congregación era de 42,360 sin embargo ambos libros a la suma individual y separada declaran:

· 29, 818 de Esdras
· 31, 089 de Nehemías

¿Cuántos eran los cantores de la Congregación?

· 200 (Esdras 2:65)
· 245 (Esdras 7:67)

¿Cuál era el nombre de la madre del Rey Abías?

· Micaías hija de Uriel y Gabaa (2 de Crónicas 13:2)

· Maaca hija de Absalón (2 de Crónicas 11:20)

· Sin embargo, Absalón sólo tuvo una hija de nombre Tamar (2 Samuel 14:27)

¿Tomó Josué por completo todo Jerusalén tras las batallas que sostuvo?

· Sí (Josué 10: 23-43)
· No (Josué 15:63)

Según el libro de Génesis ¿Adán moriría en el mismo día si comía de la fruta del árbol prohibido?

· Sí (Génesis 2:17)
· No, Adán vivió 930 años (Génesis 5:5)

¿Decidió Dios que el límite de vida de los seres humanos se limitaría a 120 años?

· Sí (Génesis 6:3)
· No, hubo humanos que vivieron muchos más años que lo previsto en Génesis 6. Ver: (Génesis 11:12-16)

¿A quién vendieron los Madianitas a José?

· A los Ismaelitas Génesis (37:28)
· A Potifar, oficial de Faraón Génesis (37:36)
· Nótese que la versión católica dice que los hermanos venderían a José a los Ismaelitas, sin embargo poco después fue a los madianitas a quienes vendieron a José y estos a Potifar, en Egipto. (Génesis 37:26-36)

¿Sintió Dios pesar, arrepentimiento o cambió de idea o decisión?

· No, Porque el que es la Gloria de Israel, no mentirá, ni se arrepentirá, porque no es hombre para que se arrepienta (1 de Samuel 15:29)
· Sí, se arrepintió de haber hecho al hombre (Génesis 6:6)
· ....Me pesa haberlos creado...(Génesis 6:7)
· Si se arrepintió (Éxodo 32:14)
· Se arrepintió de haber puesto por Rey a Saúl (1 de Samuel 15:10-11)

Moisés y Aarón se presentaron con Faraón y transformaron el agua en sangre y los magos de Faraón ¿hicieron lo mismo?

· Todas las aguas se transformaron en sangre, sus ríos, sus canales, sus estanques, sobre todos sus depósitos, había sangre en toda la tierra de Egipto

hasta en sus vasijas, tanto de madera como de piedra. (Éxodo 7: 19-21)
· Los magos de Faraón hicieron lo mismo (Éxodo 7:22) Esto es imposible ya que previamente Aarón y Moisés lo habían transformado todo en sangre.

¿Quién mató a Goliat?

· David (1 de Samuel 17:23-50)
· Eljanán (2 de Samuel 21:19)

¿Quién mató a Saúl?

· Saúl mismo, se arrojó sobre su espada (1 de Samuel 31:4-6)
· Un Amalecita, quién le informó a David sobre la muerte de Saúl y su hijo (2 de Samuel 1:1-16)

¿Todos los hombres cometerán pecados?

· Sí, no hay hombre que no peque (1 de Reyes 8:46) Ver también (2 de Crónicas 6:36, Proverbios 20:9, Eclesiastés 7:20, 1 de Juan 1:8-10)
· No, los verdaderos cristianos No pecan (1 de Juan 3:6-9) Porque los cristianos son hijos de Dios (1 de Juan 5:1)

· **¿Y los hijos de Abraham, Israel y aún antes, no son hijos de Dios?**

Aclaración: Las contradicciones no sólo se dan entre las propias versiones señaladas sino comparándolas indistintamente entre ellas mismas. Los asteriscos se corresponden a un menor número de contradicciones en la versión Católica de la Biblia.

Al mismo tiempo, conviene destacar sobre que, según la Iglesia Católica precursora del origen del Nuevo Testamento, la totalidad de los libros del mismo, no son una revelación ni tampoco aclaran todos los asuntos o preguntas de los creyentes al decir en su introducción de la versión de la Editorial Verbo Divino:

.........Por muy inspirados que sean por Dios, estos libros no cayeron del cielo, sino que se deben a los apóstoles y evangelistas de la Iglesia primitiva. No pretenden contestar todas nuestras preguntas e interrogantes respecto de la fe; son un conjunto de testimonios referentes al impacto que produjo en sus contemporáneos esta persona única que es Cristo Jesús.

SEGUNDA PARTE

http://www.taringa.net/posts/offtopic/6135935/Las-101-claras-contradicciones-de-la-Biblia.html

En el Nuevo Testamento

¿Quién fue el padre de José esposo de María?

· Jacob (Mateo 1:16)
· Eli (Lucas 3:23)

¿De cuál de los hijos de David 'desciende' Jesús?

· Salomón (Mateo 1:6)
· Natán (Lucas 3:31)

· Nótese que en la versión Católica en Lucas 3: 28-29 dice: Hijo de Elmada, hijo de Er, hijo de Jesús..... hijo de hijo de Eliécer. Lo cual, implica precisamente que Jesús era una trasliterización de Joshua cuyo nombre no fue propiedad exclusiva de Jesús al no ser él su primer portador como lo hemos señalado en otro documento.

¿Quién fue el padre de Salatiel?

· Jeconías (Mateo 1:12)
· Neri (Lucas 3:27)

¿Cuál de los hijos de Zorobabel fue 'ancestro' de Jesús?

· Abiud (Mateo 1:13)

· Resa (Lucas 3:27) Sin embargo los ocho hijos de Zorobabel son los siguientes: 1- Mesulam, 2- Hananías, 3- Selomit, 4- Hasuba, 5- Ohel, 6- Berequías, 7- Hasadías, 8- Jusab-hesed (1 de Crónicas 3:19-20) Aunque en las versiones utilizadas no se dan todos como hijos de Zorobabel lo cual, hace evidente el error.

· Nótese que los nombres Abiud y Resa, NO APARECEN en forma alguna y por ninguna parte relacionados con Zorobabel.

¿Quién fue el padre de Uzías?

· Joram (Mateo 1:8)
· Amasías (2 de Crónicas 26:1)

¿Quién fue el padre de Jeconías?

· Josías (Mateo 1:11)
· Joacim (1 de Crónicas 3:16)
Nótese igualmente la pésima trasliterización de los nombres lo cual da lugar a otras confusiones y errores evidentes. (en ambas Biblias)

¿Cuántas generaciones pasaron entre el exilio de Babilonia y el nacimiento de Jesús?

· Catorce (Mateo 1:17)

· Sin embargo, efectuando un cuidadoso conteo entre Mateo 1:12-16 encontraremos que sólo se señalaron 13 generaciones sin contar a Jesús a quien desde luego no se le puede incluir por no tener un padre natural.

¿Quién fue el padre de Sala (Selah)?

· Cainan (Lucas 3:35-36)
· Arfaxad (Génesis 11:12)

¿Era Juan el Bautista aquel Elías que tuvo que venir?

· Sí (Mateo 11:14 y 17:10-13)
· No (Juan 1:19-21)

¿Heredaría Jesús el trono de David?

· Sí, lo predijo el Ángel de Dios (Lucas 1:32)
· No. Desde que se le considera como un descendiente de Jeconías (Mateo 1:11 y 1 de Crónicas 3:16) Nótese que Dios dijo en Jeremías 36:30 que Joacim rey de Judá 'No tendrá quién se siente sobre el trono de David' y este Joacim fue padre de Jeconías mencionado en Mateo 1:11

Jesús ingresó a Jerusalén, ¿En cuántos animales?

· En un pollino –asno- (Marcos 11:7 y Lucas 19:35)
· En dos animales (Mateo 21:7) por lo cual no queda claro cuantos animales montó Jesús.

¿Cómo supo Pedro que Jesús era el Ungido – Cristo- de Dios?

· Por revelación del Padre que está en los cielos (Mateo 16:17) Lo cual implica que a Pedro le hablo Dios ¿directamente?
· Sin embargo, Andrés hermano de Pedro le dijo: Hemos hallado al Mesías que traducido al griego es Cristo (Juan 1:41) es decir, aquí nos queda claro que no fue Dios quién se lo reveló a Pedro.

¿En donde se encontró por primera vez Jesús con Pedro y su hermano Andrés?

· Junto al Mar de Galilea (Mateo 4:18-22)
· Como a la hora décima en una Biblia (y a las cuatro de la tarde en la otra) fueron con Jesús a ver en donde 'vivía' que no era junto al Mar de Galilea (Juan 1:42)
· Así fue que al día siguiente es que Jesús decidió partir hacia Galilea (Juan 1:43)

Cuando Jesús se encontró con Jairo ¿La hija de Jairo acababa de morir?

· Sí (Mateo 9:18) Jairo le dijo: 'Mi hija acaba de morir'

· No (Marcos 5:23) Jairo le dijo: 'Mi hija está agonizando'

¿Jesús les ordenó a sus discípulos que partieran con provisiones?

· Sí (Marcos 6:8) ....sólo bastón y sandalias......
· No (Mateo 10:9 y Lucas 9:3) ....Ni bastón Ni sandalias......

¿Pensó Herodes que Jesús era Juan el Bautista?

· Sí (Mateo 14:2 y 6:16)
· No (Lucas 9:9)

¿Reconoció Juan el Bautista a Jesús antes de bautizarle?

· Sí, (Mateo 3:13-14)
· No (Juan 1:32-33) Dijo: ....'Y, yo no le conocía'....

¿A pesar de haberle bautizado, Juan reconoció a Jesús Posteriormente?

· Sí (Juan 1:32-33)

· No (Mateo 11:2)

De acuerdo al Evangelio de Juan, ¿Qué expresó Jesús acerca del Testimonio de Sí mismo?

· ...'Si doy testimonio acerca de mí mismo, mi testimonio No es verdadero'........ (Juan 5:31)
· ...'aunque yo doy testimonio de mí mismo, mi testimonio Es verdadero'... (Juan 8:14)

Maldijo Jesús a la higuera estéril ¿Antes de purificar el Templo?

· Sí (Marcos 11:12-14)
· No (Mateo 21:18:19)

Cuando Jesús maldijo a la higuera, ¿se percataron los discípulos en ese momento de que se había secado?

· Sí (Mateo 21:19)
· No, hasta el día siguiente (Marcos 11:20)

¿Besó Judas a Jesús?

· Sí (Mateo 26:48-50)
· No (Juan 18: 3-12)

¿Negó Pedro a Jesús antes o después de que cantara el Gallo?

· Antes (Juan 13:38) ...'No cantará el gallo sin que me hayas negado tres veces'...
· Después (Marcos 14:72) El gallo ya había cantado dos veces cuando Pedro ya había negado tres veces a Jesús por lo cual, la Profecía no se cumplió.

¿Cargó Jesús su propia Cruz?

· Sí (Juan 19:17)
· No (Mateo 27:31-32)

¿Murió Jesús -expiró su último aliento- antes de que la cortina del Templo se rasgase en dos?

· Sí y el velo se rasgó después de la muerte de Jesús (Mateo 27:50-51 y Marcos 15:37-38)
· No, el velo del Templo se rasgó antes de que Jesús muriese (Lucas 23:45-46)

¿Eran para unos cuantos los conocimientos y mensajes de Jesús o para todo aquel que lo conoció en persona? ¿Habló Jesús secretamente con sus discípulos por encima de la gente?

· No ...Y nada he hablado en oculto.... (Juan 18:20)

· Sí ...Aunque a sus discípulos en particular les declaraba todo... (Marcos 4:34)

· Sí ...A vosotros les es dado saber los misterios del reino de los cielos...... (Mateo 13:10-11)

· Aunque hay quién afirma que el mensaje de Jesús es para toda la humanidad.

¿En dónde se encontraba Jesús a la hora sexta en el día de la crucifixión?

· En la cruz, era la hora tercera cuando le crucificaron (Marcos 15:25)

· En el tribunal, era la preparación de la Pascua y como la hora sexta. (Juan 19:14)

· En la versión Católica dice que eran como las nueve de la mañana (Marcos 15:25) Alrededor del medio día (Juan 19:14)

· Es decir en ambos casos, en Marcos Jesús ya estaba en la cruz y no más tarde en el tribunal como señala el Evangelio de Juan.

Los Evangelios dicen que Jesús fue crucificado conjuntamente con dos ladrones a sus costados, ¿Insultaron ambos ladrones a Jesús?

· Si, le injuriaban (Marcos 15:32)

· No, ...más este ningún mal hizo... (Lucas 23:41)

¿Jesús ascendió al Paraíso el mismo día de la crucifixión?

· Sí (Lucas 23:43)
· No (Juan 20:17)

Cuando Pablo (Saulo de Tarso) estaba en camino a Damasco, le rodeó un resplandor y él escuchó una voz que le hablaba. ¿Los que le acompañaban en el viaje, también escucharon dicha voz?

· Sí (Hechos 9:7)
· No ((Hechos 22:9)

En ambas versiones en español, vuelven las contradicciones al decir una que 'no entendieron' y la otra que 'no escucharon' A pesar, de que presuntamente ambas proceden de una traducción del griego.

En el mismo viaje, cuando Pablo escuchó la voz que le hablaba y vio la luz que le rodeó, él cayo al piso; ¿Cayeron al piso igualmente los compañeros que iban con Pablo?

· Sí (Hechos 26:14)
· No (Hechos 9:7)

En dicha aparición, ¿Recibió Pablo algunas indicaciones y cargo antes de entrar a Damasco?

· Sí (Hechos 26:16-18)
· No (Hechos 9:7 y 22:10)

Cuando el pueblo de Israel empezó a fornicar con las hijas de Moab en Sitim, ¿cuántos israelitas fueron muertos como castigo por aquellos hechos?

· 24, 000 (Números 25: 1 , 9)
· 23, 000 (1 de Corintios 10:8)

¿Cuántos miembros de la familia de Jacob entraron a Egipto?

· 70 en total (Génesis 46:27)
· 75 en total (Hechos 7:14)

¿Qué fue lo que hizo Judas con el dinero que recibió por traicionar a Jesús?

· Lanzó las monedas dentro del Templo (Mateo 27:5)
· Compró un campo (Hechos 1:18)

¿Cómo murió Judas?

· Se ahorcó (Mateo 27:5)
· Se partió la cabeza en dos al caer y todas sus entrañas se derramaron (Hechos 1:18)

· Nótese: Que un ser humano se parta la cabeza al caer sería lógico pero, ¿qué se le derramen las entrañas también a consecuencia de una caída?

¿Porqué se nombró al campo, ''Campo de Sangre''?

· Porque los Sacerdotes así lo nombraron (Mateo: 27-8)
· Porque ahí en el campo se derramó la sangre de Judas (Hechos 1:19)

· Nótese que en ambos casos se habla de dos campos distintos, uno de ellos denominado 'Acéldama' y que el primer campo fue nombrado así por los sacerdotes, del segundo queda desconocido quién nombró así a tal campo.

¿Por cuántos Jesús dio su vida en rescate y a quienes rescataría?

· ... para dar su vida en rescate por muchos... (Marcos 10:45)
· ... se dio a sí mismo en rescate por todos... (1 de Timoteo 5-6)

· Rescate del justo es el impío, y por los rectos el prevaricador (Proverbios 21:18)

¿Es Jesús el unigénito de Dios sin semejante a él?

· Sí (Mateo 16:16)
· No (Hebreos 7:3) Melquisedec, hecho semejante al Hijo de Dios........ En la versión católica se dice en el mismo versículo: Es la figura del hijo de Dios.........

¿Cuál fue el texto escrito en el cartel sobre la cruz de Jesús?

· Este es Jesús, el Rey de los Judíos (Mateo 27:37)
· El Rey de los Judíos (Marcos 15:26)
· Este es el Rey de los judíos (Lucas 23:38)
· Jesús de Nazaret, Rey de los Judíos (Juan 19:19)
· Nótese igualmente que los evangelios tampoco coinciden o mencionan en cuantos idiomas estuvo escrito dicho cartel.

¿Verdaderamente Herodes quiso matar a Juan el Bautista?

· Sí (Mateo 14:5)
· No (Marcos 6:20)

¿Cuál es el nombre del décimo discípulo de Jesús de una lista de doce?

· Tadeo (Mateo 10:3 y Marcos 3:18)
· Simón (Lucas 6:15)

Jesús vio a un hombre sentado en el lugar de los tributos públicos, ¿Cuál era su nombre?

· Mateo (Mateo 9:9)
· Leví (Marcos 2:14 y Lucas 5:27)

En la última cena con sus discípulos, ¿Jesús habló que alguno de ellos metería la mano en el plato con él o le entregaría Jesús el Pan?

· El que mete la mano conmigo en el plato –dijo Jesús- (Mateo 26:23 y ...El que moja conmigo en el plato.... (Marcos 14:20)
· A quien yo diere el pan mojado, aquél es. Dijo Jesús (Juan 13:26)
· Nótese la diferencia entre alguien que mete la mano en el plato y alguien que recibe sin meter la mano. En Mateo y Marcos no se refiere por su nombre a ninguno de ellos, en cambio sí lo hizo en el evangelio de Juan.

¿Pidió Jesús al Padre para prevenirse de la Crucifixión?

· Sí (Mateo 26:39, Marcos 14:36 y Lucas 22:42)
· No (Juan 12:27)

Los Evangelios señalan que Jesús oró para prevenirse de la cruz, ¿En cuantas ocasiones oró Jesús y reconvino a sus discípulos para que estos orasen?

· Tres veces (Mateo 26:36-46 y Marcos 14:32-42)
· Una vez (Lucas 22:39-46) ....Mientras hablaba se presentó una turba –grupo-....

Los Evangelios de Mateo y Marcos están de acuerdo en que Jesús oró tres veces, sin embargo ¿Cuáles fueron las palabras de la segunda vez que Jesús oró?

· Hay dos versiones diferentes de las palabras de Jesús (Mateo 26:39 y 42)
· Sólo hay una versión de las palabras de Jesús y en la segunda se dice que dijo lo mismo (Marcos 14:36 y 39)

· Nótese que en ambos evangelios, no concuerdan las palabras de Jesús y algo muy importante: **¿Cómo supieron los apóstoles lo que Jesús dijo en sus oraciones si él se alejó de ellos y al mismo tiempo ellos se durmieron mientras oraba?**

¿Cuáles fueron las palabras del Centurión después de que Jesús murió en la cruz?

· ...Verdaderamente este hombre era justo... (Lucas 23:47)
· ...Verdaderamente este hombre era hijo de Dios... (Marcos 15:39)

Cuando Jesús dijo: Dios mío, Dios mío, ¿Porqué me has abandonado? ¿En que idioma se expresó para referirse a Dios?

· En Hebreo: ..Elí, Elí... (Mateo 27:46)
· En Arameo: ... Eloi, Eloi... (Marcos 15:34)

· Nótese que parece bastante calumniador pensar que Jesús se sintió ''abandonado'' siendo que el mismo supo lo que sucedería y al orar en el Getsemaní expresó: **...'hágase tu voluntad y no la mía'**... **¿Porqué habría de contradecirse a sí mismo siendo que le dijo a uno de los crucificados que ese mismo día estarían en el Paraíso?**

De acuerdo con los Evangelios, ¿Cuáles fueron las últimas palabras de Jesús antes de morir?

· ...Padre, en tus manos encomiendo mi espíritu.... (Lucas 23:46)
· ...Consumado es.... (Juan 19:30)

Cuando Jesús llegó a Capernaum sanó al sirviente de un Centurión, ¿El Centurión fue personalmente con Jesús a pedirle la salud de su sirviente?

· Sí (Mateo 8:5)
· No, el Centurión envió a algunos ancianos (Lucas 7:3-6)

Aparte de Jesús ¿Ascendió otra persona al cielo?

· No (Juan 3:13)
· Sí, Elías subió al cielo en un torbellino (2 de Reyes 2:11)

¿Quién era el Sacerdote cuando David entró al Templo y tomo los panes sagrados?

· Abiatar (Marcos 2:26)
· Ahimelec (1 de Samuel 21:1-2)

¿El cuerpo fallecido de Jesús fue preparado con especias aromáticas de acuerdo a la tradición judía antes de ser colocado en el sepulcro?

· Sí, (Juan 19:39-40)

· No, José de Ariamatea compró una sábana en la cual envolvió el cuerpo y lo puso en el sepulcro (Marcos 15: 45-46) Después en Marcos 16:1 algunas seguidoras de Jesús traían especies aromáticas para ungirle pero después de buscar el cuerpo ya no lo encontraron. *****

¿Cuándo fue que las mujeres llevaron las especias para ungir el cuerpo fallecido de Jesús?

· Cuando ya había pasado el día de reposo – Sábado- (Marcos 16:1)

· El día anterior al día de reposo es decir, Viernes porque después descansaron el día de reposo (Lucas 23:55 – 24:1)

· Nótese que en Marcos dice que las especies las compraron y en Lucas que ellas mismas las prepararon.

José de Arimatea ¿era miembro del concilio o un discípulo de Jesús?

· Era discípulo de Jesús (Juan 19:38)

· Miembro del noble concilio o consejo supremo de los judíos (Marcos 15:43)

¿Cuál era el propósito de las mujeres al visitar el sepulcro en donde colocaron el cuerpo de Jesús?

· Ungir el cuerpo con especias aromáticas (Marcos 16:1 y Lucas 23:55 y 24:1)
· Sólo para ver el sepulcro (Mateo 28:1)
· Sin una razón específica y se menciona que sólo una mujer fue al sepulcro (Juan 20:1)
· Nótese que en Marcos, Lucas y Mateo se habla de mujeres en plural y sólo en Juan se menciona a una sola mujer que visitó el sepulcro. Por tanto, tampoco queda claro el número de visitantes al sepulcro.

Una piedra grande fue colocada a la entrada del sepulcro, ¿Cómo encontraron la piedra las mujeres cuando arribaron al sepulcro?

· Hubo un gran terremoto, porque un ángel del Señor descendió del cielo y llegando removió la piedra y se sentó sobre ella. (Mateo 28:1-6)
· Cuando miraron, vieron removida la piedra. Y cuando entraron en el sepulcro, vieron a un joven sentado al lado derecho, cubierto de una larga ropa blanca y se espantaron. (Marcos 16:4-5)
· Y hallaron removida la piedra del sepulcro. Aconteció que estando ellas perplejas por esto, he aquí se pararon junto a ellas dos varones con vestiduras resplandecientes. (Lucas 24:2 y 4)
· María Magdalena fue de mañana siendo aún oscuro, al sepulcro; y vio quitada la piedra del

sepulcro. Entonces corrió y fue a Simón Pedro. (Juan 20:1)

· Nótense las graves contradicciones que se narran en los Evangelios. Es por esto, evidentemente que, NO FUERON escritos por pluma de los propios discípulos de Jesús. Esto nos indica que estas escrituras sólo son las opiniones personales de quienes escribieron estos libros y versículos. Si realmente fueran libros revelados, no tendrían ninguna contradicción tomando en consideración además de que, los discípulos hubieran estado de acuerdo en que escribir al testimoniar ellos mismo los hechos, cosa que evidentemente, no fue escrito así.

¿Quién les dijo a las mujeres que sucedió con el cuerpo de Jesús?

· Las respuestas y contradicciones se encuentran en el número anterior. (Ídem libros y versículos)

¿Cuándo fue que María Magdalena se encontró con Jesús? ¿Y, cual fue la reacción de ella al verle? ¿Se dejó Jesús tocar? ¿Estaba sola María Magdalena o iba acompañada?

· María Magdalena iba acompañada, y salieron del sepulcro corriendo –sin precisar que tan lejos del mismo- y mientras iban a avisar a los discípulos, les salió Jesús al encuentro y ellas acercándose se abrazaron a sus pies y le adoraron. (Mateo 28:9)

· En su segunda visita al sepulcro, María Magdalena estaba sola llorando fuera, junto al sepulcro, y después de responder la pregunta que le hicieron dos ángeles que ahí estaban, se volvió y vio a Jesús pero no lo reconoció porque ella pensaba que era el hortelano. Después Jesús le dijo: No me toques, porque aún no he subido a mi padre.(Juan 20:11-17)

¿Cuáles fueron las instrucciones que Jesús ordenó decir a sus discípulos?

· Jesús les habló a las mujeres y les dijo: No temáis, id, dad las nuevas a mis hermanos, para que vayan a Galilea, y allí me verán. (Mateo 28:10)

· Jesús le habló solo a María Magdalena y le dijo: Más ve a mis hermanos y diles: Subo a mi Padre y a Vuestro Padre, a mi Dios y a vuestro Dios. (Juan 20:17)

¿Cuándo fue que los discípulos partieron a Galilea y en dónde se les apareció Jesús?

· Inmediatamente, según ordenó Jesús (Mateo 28:10 y 16)

· En el camino a Emaús, dos discípulos le vieron, luego se fueron a Jerusalén en donde estaban los once reunidos y allí mismo en Jerusalén, se les apareció Jesús (Lucas 24:13-38)

· Jesús les ordenó que se quedasen en Jerusalén hasta que hayan sido investidos de poder desde lo alto. (Lucas 24:49)

· Jesús les ordenó que se quedasen en Jerusalén y se les apareció durante cuarenta días (Hechos 1:3-4)

¿Deben llevar los hombres las cargas de otros?

· Sí (Gálatas 6:2)
· No (Gálatas 6:5) ****

¿A cuántos de sus discípulos se apareció Jesús tras la resurrección?

· Doce (1 de Corintios 15:5)
· Once (Mateo 28:16-17, Marcos 16:14, Lucas 24:33 y 36)

¿Qué sucedió con Jesús después de su bautismo?

· Enseguida el espíritu lo impulsó al desierto (Marcos 1:12-13)
· Los siguientes días escogió a sus discípulos quienes estuvieron con él en Capernaum (Juan 1:35 y 43, 2:1-11 y 12)

Después de nacer, ¿En donde transcurrieron los primeros años de Jesús?

· En Egipto (Mateo 2:13-23)
· En Nazaret (Lucas 2:21-40)

Cuando Jesús caminó sobre el agua, ¿Cuáles fueron las palabras de sus discípulos?

· Verdaderamente eres Hijo de Dios (Mateo 14:33)
· Viéndole ellos caminar sobre el mar, pensaron que era un fantasma y gritaron. (Marcos 6:49)

En los viajes de Pablo, ¿Acató la orden de no hablar la palabra en Asia?

· Sí, les fue prohibido por el Espíritu Santo hablar la palabra en Asia (Hechos 16:6)
· No, Pablo en sus viajes, continuó por espacio de dos años de manera que todos los que habitaban en Asia, judíos y griegos oyeron la palabra del Señor Jesús, y hacía Dios milagros extraordinarios por mano de Pablo. (Hechos 19:10-11)

Fuente:
http://perso.wanadoo.es/estudioateo/varias/nosotros.htm

ZEITGEIST: EL ESPIRITU DEL TIEMPO

Claudio Scabuzzo
La Terminal

Jesucristo en la mitología comparada

El estudio de **Jesucristo en la mitología comparada** es el examen de las narraciones de la vida de Jesús en los evangelios canónicos, la teología y las tradiciones cristianas en relación con la mitología cristiana y otras religiones.

Durante más de un siglo, distintos autores han señalado numerosos paralelismos entre los puntos de vista cristianos sobre Jesús y otros principios religiosos o míticos. Entre ellos, los misterios grecorromanos, la mitología del antiguo Egipto y otras analogías generales en las que se encuentran patrones culturales compartidos de dioses que mueren y resucitan en el contexto del mito de Jesús[1] .

Aunque algunos expertos siguen apoyando estas analogías, otros sostienen que las similitudes que se perciben no suelen tener bases históricas, que los judíos galileosmonoteístas del siglo I no estaban abiertos a mitos paganos, y que las analogías están basadas normalmente en la *paralelomanía*, que exagera la importancia de parecidos poco significativos[2] [3] [4] [5]

Mitología comparativa[editar]

Introducción[editar]

Se han señalado numerosos paralelismos entre los puntos de vista cristianos sobre Jesús y otros principios religiosos o míticos[5] [3]. No obstante, Eddy y Boyd afirman que no existe evidencia de una influencia histórica de los mitos paganos, como los dioses que mueren y resucitan en los autores del Nuevo Testamento, y muchos académicos admiten que este tipo de influencia histórica es totalmente inverosímil, dado que los judíos galileos monoteístas del siglo I no estaban abiertos a mitos paganos[5] [4]. Paula Fredriksen afirma que ningún trabajo de investigación serio sitúa a Jesucristo fuera del entorno del judaísmo palestino del siglo I[6]

Los expertos debaten un buen número de temas generales relacionados con los paralelismos entre Jesús y otros mitos. Por ejemplo, la simple existencia de la categoría «Deidad de vida, muerte y resurrección» se ha debatido lo largo del siglo XX, y muchos estudiosos modernos cuestionan la validez de la categoría[5] [7]. A finales del siglo XX, entre los estudiosos había un consenso general contra la fiabilidad de los razonamientos utilizados para sugerir esta categoría[7]. Tryggve Mettinger (que la apoya) afirma que los expertos están de acuerdo en que la categoría es inadecuada desde una perspectiva histórica[8] . Estudiosos como Kurt Rudolph sostienen que el razonamiento utilizado para la construcción de la categoría ha estado plagado de defectos[7] .

Otros expertos, como Samuel Sandmel, profesor de Biblia y Literatura Helenística en el *Hebrew Union College*, consideran que las conclusiones que se extraen simplemente de similitudes observadas son totalmente inválidas[3] . Sandmel dio al hecho de ir a la caza de similitudes el nombre de *paralelomanía*, un fenómeno por el que los estudiosos notan primero una supuesta similitud y después «proceden a describir fuente y derivación como si implicaran una conexión literaria que surge en una dirección predeterminada e inevitable», y por tanto exageran la importancia de parecidos insignificantes[3] [4] .

Misterios grecorromanos[editar]

Se han encontrado paralelismos entre la mitología griega y la vida de Jesús. Un ejemplo que se remonta a principios del siglo XIX es el deFriedrich Hölderlin, quien en su libro *Brot und Wein* (1800–1801) sugirió parecidos entre Cristo y el dios griego Dioniso[9]

Eruditos modernos como Martin Hengel, Barry Powell y Peter Wick argumentan que el culto a Dioniso y el cristianismo muestran notables semejanzas[10] [11] . Señalan el simbolismo del vino y la importancia que ha tenido en la mitología que rodea tanto a Dioniso como a Jesucristo, aunque Wick arguye que el simbolismo del vino en el evangelio de San Juan, como la historia de la bodas de Caná, en la que Jesús convierte el agua en vino, se concibió para que Jesús pareciera superior a Dioniso[12] .

Además, algunos expertos en mitología comparada afirman que tanto Dioniso como Jesús representan el arquetipo de dios que muere y resucita[13] . Se han sugerido también otras semejanzas, como la celebración por medio de una comida ritual de pan y vino, y concretamente Powell afirma que en el culto a Dioniso se aprecian precursores de la noción cristiana de la transubstanciación[14] . Otra afinidad se percibe en las bacantes, cuando Dioniso comparece ante el rey Penteo acusado de arrogarse la divinidad, que se compara con el relato del interrogatorio de Poncio Pilato a Jesús en el Nuevo Testamento[11] [12] [14] .

E. Kessler argumenta que el culto a Dioniso se convirtió en un estricto monoteísmo hacia el siglo IV de la era cristiana, y al igual que el mitraísmo y otras sectas, el culto constituyó una instancia del «monoteísmo pagano», en competencia directa con el cristianismo primitivo durante la antigüedad tardía[15] .

Mitra[editar]

Artículo principal: Mitraísmo#Similitudes con el cristianismo

La adoración de Mitra se practicó en buena parte del Imperio Romano a partir de mediados del siglo II d.C.[16] [17]. Este culto era un sincretismo de distintos ritos religiosos, centrados en el dios Mitra, que emerge de una roca. Su más estrecha analogía con el cristianismo es el sacrificio del toro: Mitra captura y sacrifica un toro clavándole un cuchillo, y del toro muerto surgen granos y plantas que simbolizan la vida. Mitra era un dios solar, estrechamente asociado al Sol Invictus romano[18].

Stanley Porter señala que el mitraísmo se consolidó en el Imperio Romano tras su expansión, y llegó a Anatolia a finales del siglo I gracias a los soldados romanos, en una época en la que los elementos básicos de los evangelios ya existían, y por tanto no pudo tener influencia sobre dichos elementos[19].

Los primeros autores cristianos señalaron semejanzas entre las prácticas mitraicas y los rituales cristianos, pero adoptaron un punto de vista extremadamente negativo del mitraísmo: interpretaron los rituales mitraicos como copias malignas de los rituales cristianos[20] [21]. En el siglo II, Justino mártir contrastó la comunión de iniciación mitraica con la eucaristía[22]:

Por lo cual, también los malvados demonios de imitación han legado que lo mismo se haga en los misterios de Mitra. Por eso, en esos misterios se coloca pan y una taza de agua ante el iniciado con ciertas palabras que se pueden conocer o aprender.[23]

Tertuliano escribió después que como preludio a la ceremonia de iniciación se le daba al iniciado un baño ritual, y al final, se le aplicaba una marca en la frente. Tertuliano describió estos ritos como una falsificación diabólica del bautismo y de la unción de los cristianos[24]

Antiguo Egipto[editar]
Véanse también:
Mito de Osiris, Horus, Osiris e Isis.

A principios del siglo XX, Gerald Massey alegaba que hay similitudes entre el dios egipcio Horus y Jesús[25] . En la misma línea de ideas, en la década de 1940, Alvin Boyd Kuhn sugirió que no solo la cristiandad, sino también el judaísmo se basaban en conceptos egipcios, y más recientemente, Tom Harpur ha expresado opiniones similares en su libro El Cristo pagano (Tom Harpur es un antiguo pastor anglicano que admite en su libro que creía en un Cristo espiritual, pero dudaba de que hubiera existido un Jesús histórico)[26] [27] . Harpur reconoce a Massey y Khun como predecesores intelectuales de sus ideas, y el teólogo Stanley E. Porter afirma que buena parte del trabajo de Harpur se basa directamente en citas de Massey y Khun[26] [27].

Porter señala que las analogías de Massey y Kuhn incluyen numerosos errores. Por ejemplo, Massey afirma que el 25 de diciembre se eligió como fecha del nacimiento de Jesús basándose en el nacimiento de Horus, pero el Nuevo Testamento no incluye ninguna referencia a la fecha o época del año en que nació Jesús[28] [29] [30]. La primera fuente conocida que habla del 25 de diciembre como fecha del nacimiento de Jesús esHipólito de Roma, escrito hacia principios del siglo III, que se basa en la presunción de que la concepción de Jesús tuvo lugar en el equinoccio de primavera. Hipólito situó el equinoccio en el 25 de marzo, y luego añadió nueve meses, hasta el 25 de diciembre, estableciendo de esta forma la fecha de la fiesta[31]. La cronografia romana de 354

incluye una referencia a la celebración de la Navidad en diciembre a partir del siglo IV[32]

Porter afirma que los graves errores históricos de Massey hacen que en ocasiones su trabajo no tenga sentido. Por ejemplo, Massey sostiene que las referencias bíblicas al rey Herodes el Grande se basan en el mito de *Herrut*, la malvada serpiente hidra, mientras que la existencia de dicho rey puede establecerse perfectamente sin recurrir a fuentes cristianas[28].

Según Harpur, Kuhn esperaba que sus ideas tuvieran un impacto darwiniano en los estudios religiosos, pero este impacto no se produjo, y los conceptos de Kuhn suelen ignorarse o rechazarse[26] . Porter critica el trabajo de Kuhn a causa de varios errores, como el de confundir en sus conclusiones las fechas de la composición de la Mishná y del Talmud babilonio[33] . Porter también critica las opiniones de Harpur, a menudo basadas en Kuhn, por su falta de rigor y coherencia[28] .

Analogías de la resurrección[editar]

Los egipcios tenían rituales específicos de la cosecha que relacionaban la crecida y retirada de las aguas del río Nilo y el ciclo agrícola con la muerte y resurrección de Osiris[34] . La siega de la cebada y el trigo estaba relacionada con la muerte de Osiris, mientras que el nacimiento de los brotes tenía su origen en el poder de Osiris para resucitar la tierra de labor[34] [35]

Los lechos de Osiris, habituales en el antiguo Egipto, eran recipientes huecos con el aspecto de sarcófago del dios, rellenos de tierra y semillas que al crecer salían por los orificios de la tapa, representando su poder de controlar la naturaleza incluso después de muerto[34] [35] .

George Albert Wells, ideólogo del mito de Jesús, sigue viendo una analogía entre Osiris y la resurrección de Jesús según las epístolas paulinas, ya que Osiris muere y es enterrado el primer día y su resurrección se celebra el tercer día con el grito jubiloso de «Osiris ha sido encontrado»[36] . No obstante, al cambiar su posición sobre Jesús en la historia, Wells sostiene ahora que el personaje que se menciona en la fuente Q no es totalmente mítico, y «no debe identificarse con el Cristo que muere y resucita en las epístolas primitivas»[37] .

Bruce M. Metzger, estudioso de la Biblia, no ve una analogía directa, y señala que en un relato del ciclo de Osirirs, este muerte el 17 del mes de Hator (28 de octubre – 27 de noviembre) y revive el 19, y lo compara con el retorno a la vida de Cristo «el tercer día», pero considera que «resurrección» es una descripción cuestionable[38] . A. J. M. Wedderburn declara que la resurrección en el antiguo Egipto difiere de la que aparece en la tradición judeocristiana, ya que los antiguos egipcios concebían la vida después de la muerte como una entrada en el reino de Osiris[39] . Marvin Mayer apunta que algunos expertos consideran que la idea de la muerte y resurrección de los dioses en las religiones mistéricas pertenece a la fantasía, pero sugiere que esta opinión estaría motivada por inquietudes apologéticas, en un intento de mantener la resurrección de Cristo como un hecho único[40]

Analogías artísticas[editar]

Cuando Gerald Massey propuso sus teorías, se encontraron analogías artísticas entre los mitos egipcios y el arte cristiano de la época primitiva[28]. Por ejemplo, Massey afirmó que la existencia de representaciones de lázaro envuelto en lienzos como una momia prueba que la resurrección de Lázaro tiene origen egipcio[28]. Porter señala que el arte cristiano realizado siglos después de la escritura del Nuevo Testamento no podría haberlo influenciado[28].

Ciertos expertos ven semejanzas entre las estatuas de Isis y Horus y las representaciones posteriores de la Virgen con el niño[41]. No obstante, las ilustraciones posteriores del arte cristiano tienen muy poco que ver con el origen de los textos bíblicos[42]. Stephen Benko sostiene que algunas imágenes de María y Jesús comparten semejanzas con representaciones existentes de Horus e Isis en el arte del Antiguo Egipto[43]. El egiptólogo Erik Hornung escribió que «Había una evidente analogía entre los niños Horus y Jesús y el cuidado que recibieron de sus sagradas madres: mucho antes del cristianismo, Isis llevaba el título de "madre de dios"»[44]

Budismo e hinduísmo[editar]

La historia de que Jesús viajó de adulto a India y estudió con budistas e hindúes antes de comenzar su ministerio en <u>Galilea</u> apareció por primera vez en el libro *La vida desconocida de Jesucristo* de <u>Nicolás Notovitch</u> (1894), que fue muy difundido y se convirtió en la base de otras teorías[45] [46]. La teoría de Notovitch fue desde el principio controvertida y muy criticada[47] [48]. Cuando los historiadores examinaron a fondo su historia, Notovitch confesó haber inventado las pruebas[48] [49]

<u>Robert Van Voorst</u> sostiene que los expertos modernos se muestran «casi unánimemente de acuerdo» en que las teorías de viajes de Jesús al Tibet, Cachemira o India no contienen «nada de valor»[51].

<u>Marcus Borg</u> afirma que cualquier sugerencia de que Jesús viajó de adulto a Egipto o India y entró en contacto con el budismo «no tiene fundamento histórico»[52].

<u>John Dominic Crossan</u> asegura que ninguna de las teorías presentadas sobre los viajes de Jesús para rellenar el hueco entre su niñez y el comienzo de su ministerio tienen apoyos de eruditos actuales[53].

A pesar del rechazo a los viajes de Jesús se han señalado algunas analogías, como es el caso de <u>Jerry H. Bentley</u>, que plantea la posibilidad de que «el budismo influenciara el primitivo desarrollo de la cristiandad» y sugiere prestar «atención a muchos paralelismos referentes a nacimientos, vidas, doctrinas y muertes de Buda y Jesús»[54]. Z. P. Thundy ha hecho un seguimiento de las similitudes y diferencias entre el relato del parto de Maya, al dar a luz a Buda, y el de María al nacer Jesús, y señaló que aunque existen semejanzas, como el parto virginal, hay diferencias, como que María sobrevive a Jesús después de criarlo, pero Maya muere poco después del nacimiento de Buda, como todas las madres de Buda en la tradición budista[55]. Thundy no asevera que haya ninguna evidencia histórica de que los relatos cristianos del nacimiento de Jesús derivasen de las tradiciones budistas, pero propone ese tema para investigaciones posteriores[55].

Otros expertos han rechazado estas analogías. Por ejemplo, Leslie Houlden afirma que aunque en épocas modernas se han detectado paralelismos entre las enseñanzas de Jesús y Buda, estas comparaciones emergieron después de que hubiera contacto con misioneros en el siglo XIX y no hay evidencias históricamente fiables de que existiera relación entre el budismo y Jesús[56].

Estudiosos como Paul Numrich afirman que a pesar de las analogías superficiales no académicas, budismo y cristianismo presentan diferencias inherentes e irreconciliables en lo más profundo[57].

La iconografía de las dos tradiciones subraya la diferencia de perspectiva entre Buda y Jesús, contrastado la pacífica muerte de Buda Gautama a avanzada edad con la cruda imagen de la crucifixión de Jesús como sacrificio voluntario para la expiación de los pecados de la humanidad[56] . Los eruditos del budismo, como Masao Abe y D. T. Suzuki, ven la trascendencia de la crucifixión en el cristianismo como una irreconciliable brecha entre las vidas de Buda y Jesús[56] [58] [59]

A pesar de todo, algunos hindúes ven a Jesús como un *avatar shaktavesha* o una encarnación fortalecida.[60]

Jesús como mito

Artículo principal: Mito de Jesús

La «teoría del mito de Cristo» enuncia que es muy improbable que Jesús de Nazaret existiera, o que si lo hizo, no tuvo virtualmente nada que ver con la fundación del cristianismo[62] [63] [64] . La noción de que nunca existió un Jesús histórico tiene muy pocos apoyos entre los expertos[61] [65] [6667] . No obstante, ciertos expertos europeos y norteamericanos argumentan que se debe continuar investigando y debatiendo este tema[68] [69] .

Los orígenes de la teoría del mito de Cristo se remontan a la Francia de finales del siglo XVIII, al trabajo de Constantin-Volney y Charles Dupuis.[70] . En 1835, los escritos más metódicos de David

Friedrich Strauss provocaron un escándalo en Europa. Strauss no negaba la existencia de Jesús, pero creía que se conocían realmente muy pocos hechos sobre él, y calificó de «míticos» los relatos sobre milagros de los Evangelios[71] [72] [73]. En la misma época, Bruno Bauer comenzó a proponer ideas similares[70] [74].

A principios del siglo XX, Arthur Drews, William B. Smith y John M. Robertson se convirtieron en los proponentes más reconocidos de la teoría del mito de Cristo[70] [75]. En épocas más recientes, eruditos como el profesor de alemán George Albert Wells y el profesor sueco de inglés Alvar Ellegård publicaron numerosos argumentos en apoyo de la teoría[75].

El debate sobre la teoría del mito de Cristo ha conocido un «masivo resurgir» desde la aparición de Internet[76] se han publicado numerosos librosy documentales sobre el tema. Entre los expertos en el Nuevo Testamento que actualmente apoyan la teoría está en antiguo pastor baptista Robert M. Price, el sacerdote anglicano Tom Harpur y el sacerdote católico Thomas L. Brodie.

Paralelismos y analogías

Algunos eruditos modernos sostienen que los detalles de la vida de Jesús presentan similitudes con mitos antiguos y podrían estar influenciados por ellos[1], y otros estudiosos sostienen que las analogías no tienen base histórica[2] . También hay argumentos en sentido contrario, como que la historia de la vida de Jesús, tal y como la relataron los primitivos cristianos durante los siglos II y III dio origen a nuevos movimientos religiosos como el gnosticismo[77] .

Volney y Dupuis fueron los primeros autores modernos en presentar, alrededor del siglo XVIII, una analogía entre Jesús y otras deidades solares anteriores[78] . A principios del siglo XX, John M. Robertson y William Benjamin Smith siguieron el mismo patrón e hicieron comparaciones similares entre Jesús y otras deidades solares[79] . No obstante, estos argumentos fueron criticados por otros estudiosos, como F. C. Coneybeare y H. G. Wood, con el argumento de que las analogías no tenían base histórica[79] .

En su libro «*The Hero with a Thousand Faces*» (El héroe de las mil caras) de 1949, Joseph Campbell avanzó la teoría de que solo había un único mito tras las historias de Krishna, Buda, Apolonio de Tiana, Jesús y otros héroes[80] . Posteriormente, en «*The Masks of God: Occidental Mythology*» (Las máscaras de Dios: Mitología occidental), Campbell afirma que «está claro que, sea exacta o no en los detalles biográficos, la conmovedora leyenda del Cristo crucificado y revivido estaba ideada para añadir nueva calidez, inmediatez y humanidad a los viejos relatos sobre los adorados <u>Tammuz</u>, Adonis y Osiris»[1] .

Otros especialistas rechazan la teoría de que las tradiciones cristianas más primitivas relacionadas con Jesús tengan explicación en las semejanzas con fuentes no cristianas[81] . Por ejemplo, Paula Fredriksen afirma que no hay trabajos serios que sitúen a Jesucristo fuera del ámbito del judaísmo palestino del siglo I[2] . Los estudiosos de la Biblia también suelen rechazar el concepto de <u>dioses de muerte y resurrección</u> homogéneos, cuya validez a menudo presuponen algunos defensores de la teoría del mito de Cristo, como el experto en el Nuevo Testamento Robert Price. Tryggve Mettinger, antiguo profesor de biblia hebrea en la Universidad Lund, es uno de los académicos que apoya la conjetura de los «dioses que mueren y vuelven de la muerte», pero afirma que Jesús no encaja en el patrón más amplio[82]

Películas y documentales

Numerosos documentales y películas de habla inglesa producidas entre 2005 y 2008 se centran en las similitudes entre Jesucristo y ciertas figuras mitológicas antiguas:

- *The God Who Wasn't There* (El Dios que no estaba allí), dirigido por Brian Flemming, con Richard Carrier y Robert M. Price (2005)

- *The Pagan Christ* (El Cristo pagano), producido por la *Canadian Broadcasting Corporation*, con Tom Harpur (2007)
- *Zeitgeist: The Movie* dirigida por <u>Peter Joseph</u> (2007)
- *The Hidden Story of Jesus* producida por <u>Channel 4</u>, con Robert Beckford (2007)
- *Religulous* dirigido por <u>Larry Charles</u>, con <u>Bill Maher</u> (2008)

Zeitgeist - Las grandes mentiras que nos ocultan

Esta es la 1° película de lo que se denomina "Movimiento Zeitgeist" (que viene a querer decir algo así como "el espíritu del tiempo" en alemán)

El documental está estructurado en tres partes. La primera es una exposición del cristianismo como un mito, un híbrido astrológico-literario. Este mito, argumenta Joseph, constituye el terreno abonado sobre el que pueden funcionar nuevos mitos en los que las masas crean ciegamente y así ser manejados con mayor facilidad. La segunda parte, analizando los atentados del 11-S, expone el funcionamiento de la propaganda y adoctrinamiento mediático, logrando que los propios ciudadanos acepten ser más controlados por sus gobiernos pese a que eso suponga una reducción de sus libertades. La tercera sección habla sobre la política y economía global, enfocándose en el monopolio del dinero (junto a la especulación financiera) y el gasto militar.

Primera parte: La historia más grande jamás contada

En la primera parte del documental, Joseph describe las similitudes que encuentra entre los mitos de distintas religiones antiguas con el cristianismo. Para ello, compara elementos extraídos de la Biblia y de la posterior tradición católica romana con descripciones de dioses de otras civilizaciones anteriores al cristianismo, principalmente de la mitología egipcia, llegando a la conclusión de que la figura de Jesús es una copia de diversos mitos heredados de dichas religiones. Joseph hace hincapié en que ciertos atributos de mitos anteriores fueron copiados y atribuidos por los primeros cristianos a la figura de Jesús de Nazaret, sugiriendo que la figura mitológica de Jesús de Nazaret se corresponde, como la de Mitra y Horus entre otras deidades paganas anteriores y contemporáneas a la suya, con la de un Dios solar. Jesús sería el Sol, figuradamente, el que es «visto venir desde los cielos», «andando sobre el agua», etc. La muerte y resurrección del Dios Sol se corresponde con el solsticio de invierno: durante el mismo, el Sol (el Dios Sol - Jesús) llega el día 22 a su punto más bajo, muere, en las vecindades de una conocida constelación llamada la Cruz del Sur. El Sol detiene su viaje por tres días (al menos aparentemente) hasta que otro grupo de estrellas bien conocidos, el Cinturón de Orión («las tres Marías», o como se les llamaba en la antigüedad, «los tres reyes»), apuntan hacia la salida del Sol, su resurrección, en la mañana del 25 de diciembre. Simbólicamente hablando: El Dios Sol ha muerto en la Cruz para luego de tres días volver a la vida.

Posteriormente el autor plantea que la mayoría de las religiones comparten los mismos rasgos mitológicos, atribuyendo las mismas características a sus dioses, e indica que las primeras religiones se formaron mediante la observación del cielo, explicando la relación que observa entre la astrología y las religiones. También señala el autor otros mitos compartidos, con paralelismos entre el Diluvio universal y la leyenda de Gilgamesh, y varios ejemplos de mitos similares a la historia de Moisés en las culturas de la India, Creta y Egipto.

Finalmente Joseph plantea que la Iglesia, como institución vinculada al poder desde el Imperio romano, ha usado la figura de Cristo como justificación para reprimir y manipular las sociedades.

El cristianismo, junto con todos los demás sistemas teístas de creencia, es el fraude de la era. Sirvió para separar las especies del mundo natural e igualmente el uno del otro. Respalda la sumisión ciega a la autoridad. Reduce la responsabilidad humana al efecto de que «Dios» controla todo y crímenes a su vez terribles se pueden justificar en nombre de la divinidad. Y lo más importante, faculta a aquellos que sabiendo la verdad, utilizan el mito para manipular y controlar sociedades. El mito religioso es el dispositivo más potente que jamás se haya creado, y sirve como terreno psicológico sobre el que otros mitos pueden florecer.

*Segunda parte: Todo el mundo es un escenario

En este capítulo Joseph afirma que los ataques del 11S en Nueva York y los atentados del 7 de julio de 2005 en Londres fueron en realidad perpetrados por algún grupo de poder de EE. UU. Según el autor, se trataría de una operación de bandera falsa encaminada a conseguir el beneplácito de la sociedad estadounidense para iniciar las reformas necesarias que permitirían el comienzo de una serie de invasiones de puntos estratégicos como son Afganistán, Iraq e Irán.

La Verdad del 11 de septiembre:

Elementos criminales desde el gobierno de los Estados Unidos escenificaron un ataque terrorista de bandera falsa sobre sus propios ciudadanos, con el objetivo de manipular la opinión pública para apoyar sus objetivos.
Han venido haciéndolo durante años.
El 11 de septiembre fue un trabajo interno.

*Tercera parte: No prestes atención a los hombres detrás de la cortina

En el último capítulo Joseph enhebra una teoría que detalla la abolición del Banco Central de EE.UU y el nacimiento de la Reserva Federal, la evolución del sistema monetario y por último los supuestos fines de los que denomina los hombres detrás de la cortina, un supuesto grupo organizado de poder formado por las grandes fortunas mundiales. Según Joseph, sus objetivos irían desde la creación de la Unión Norteamericana y la implantación de chips RFID en todas las personas del planeta, hasta la declaración de un gobierno mundial.

Es el capítulo donde se explica que los postulados

que Joseph expone en el segundo capítulo forman parte de una serie de acontecimientos históricos que considera que fueron planificados, entre los que se incluyen la caída de la bolsa de 1929 (el llamado Jueves Negro) y la consecuente Gran Depresión y el ataque japonés a Pearl Harbor que propició la entrada de Estados Unidos en la Segunda Guerra Mundial entre otros, mezclado con sus propias proyecciones sobre sucesos futuros, específicamente en el tema de la geopolítica. En efecto, la manipulación de la sociedad a través de la generación de miedo y división ha desvinculado completamente a los seres humanos de su sentido del poder y la realidad. Este proceso ha ocurrido durante siglos, si no milenios: la religión, el patriotismo, la raza, la riqueza, clase y cualquier otra forma de identificación arbitraria y separatista, así concebida ha servido para crear una población controlada y totalmente maleable en manos de unos pocos. Divide y vencerás es el lema. Y mientras la gente siga viéndose a sí misma desvinculada de todo lo demás, se presta a ser completamente esclavizada. Los hombres detrás de la cortina lo saben y también saben que si la gente se da cuenta de su verdadera relación con la naturaleza y su verdadero poder personal, todo el zeitgeist manufacturado del que son presos (la gente), se derrumbará como un castillo de naipes.

Fin

LECTURAS PARA AMPLIAR (Buscar en Google por título)

La Biblia El Corán y la Ciencia
http://islamchile.com/biblioteca/Islam%20la%20So
ciedad%20el%20Arte%20la%20Ciencia%20la%20
Economia%20y%20la%20Politica/La%20Biblia%2
0El%20Coran%20y%20la%20Ciencia.pdf

DIOS Y EL ESTADO de Mijail Bakunin
http://bivir.uacj.mx/LibrosElectronicosLibres/Autor
es/Bakunin%20Mijail/Bakunin,%20Mijail%20-
%20Dios%20y%20El%20Estado.pdf

EL ISLAM
http://es.wikipedia.org/wiki/Islam

ORIGEN DE LAS RELIGIONES (Video)
https://www.youtube.com/watch?v=gf7_Tkig0P8

LA VERDAD SOBRE LAS RELIGIONES (video)
https://www.youtube.com/watch?v=2N3SuUbhma

INDICE

07- Nota de la autora

05- La Biblia

17-Versiones de la Biblia

28- Las 101 claras contradicciones de la Biblia (2 versiones)

79.- ZEITGEIST: el espíritu del tiempo

101-Lecturas para ampliar